毀滅
重生

人性恐懼

我所看見的未來

導讀

末日與文明覺醒
毀滅與重生的深度對話

在人類文明的長河裡，「末日」從來都是一個既古老又常新的話題。它既是神話傳說中的洪水滅世、宗教典籍中的末日審判，也是現代社會科技風險、氣候危機的集體焦慮。當我們透過《預言終結：末日已至與未來將臨》這部篇著縱覽古今，會發現作者以極具思辨性的筆觸，將末日敘事從單純的災難想像，昇華為對文明本質、人性光暗與未來可能性的深刻叩問。本文將從歷史映照、未來預想、人性迴響、書寫可能及現實腳步五個維度，解讀這場橫跨神話、科學、哲學與日常的思想之旅。

歷史映照：災難敘事的文化基因

從遠古神話到近現代災難，人類總是透過敘事賦予毀滅以意義。在古代文明中，洪水神話如《吉爾伽美什史詩》、《聖經》大洪水、中國大禹治水等，不僅是對自然災害的解釋，更是道德審判與文明重生的象徵。這些神話以「毀滅——重生」的結構，將災難轉化為宇宙秩序的周期性更新，體現古人對「破壞即創造」的樸素認知。

中世紀的黑死病則將災難與宗教審判緊密綁定。當時歐洲三分之一人口死於鼠疫，人們將瘟疫視為上帝懲罰，自鞭者運動、末日審判藝術應運而生。這種將災難道德化的邏輯，既反映了信仰危機，也預示了日後宗教改革的思想覺醒。

近代以來，兩次世界大戰與核威脅徹底改寫末日敘事。納粹主義將種族優越論與末日預言結合，試圖以「淨化」之名重建秩序；冷戰時期的核恐懼則催生《奇愛博士》等文化作品，將末日想像從神學領域轉向技術失控的現實焦慮。這些歷史案例揭示：末日敘事從未脫離權力與信仰的博弈，它既是集體恐懼的容器，也是社會轉型的催化劑。

未來預想：科技時代的毀滅邏輯

進入21世紀，末日預言的主體從「神意」、「自然」轉向人類自身創造的技術系統。人工智能的崛起帶來「超級智能」威脅，如尼克·博斯特羅姆警告的「智慧爆炸」可能使AI超越人類控制；腦機介面與基因編輯技術則模糊了人與機器、自然與人工的界線，引發「後人類」時代的存在性危機。這些技術風險不僅是科學問題，更涉及倫理主體性的根本質疑：當意識可數位化、身體可強化，人類是否還是「人」？

氣候危機則以「慢性末日」的形式侵蝕文明根基。IPCC報告顯示，全球氣溫上升1.5°C的臨界點若被突破，將引發不可逆的生態災難。從北極冰層融化到極端天氣常態化，氣候災變不再是遠方的預測，而是當下的現實。這種「漸進式崩解」比驟然毀滅更具壓迫感，迫使人類重新審視與自然的關係。

此外，核戰陰影、經濟秩序崩潰、宇宙外部威脅等多元風險，共同構建了當代「多重末日」的敘事層次。作者以冷靜的分析指出，這些預言並非絕對毀滅，而是文明系統的「壓力測試」——人類能否在技術失控、生態失衡與社會分裂中找到新的平衡點？

人性迴響：災難中的存在之光

面對末日，人性的複雜性在極端情境中被無限放大。恐懼作為社會學意義上的「情緒貨幣」，既能被政權用於動員控制，也能激發社群互助。例如日本 311 地震後，民間自發的防災協議會與資訊共享網絡，展現了恐懼如何轉化為集體韌性。

親密關係與孤獨敘事成為末日敘事的情感核心。《末日之路》中的父子情、《人類之子》中的「種族延續」意象，揭示災難中最動人的力量來自人與人之間的情感連結。而「後末日政治」的烏托邦與反烏托邦想像，如《飢餓遊戲》中的分區制度、《雪國列車》的階級壓迫，則質疑了秩序重建中的道德風險。

災難倫理學的困境——如「誰有資格活下來」的選擇難題，迫使我們重新審視公平與效率、個體與集體的關係。作者透過文學與現實案例指出，末日中的道德抉擇從來不是非黑即白，而是文明價值的實時書寫。

書寫可能：想像力的救贖力量

在毀滅敘事中，藝術與創作成為抵抗崩解的重要力量。視覺藝術中的「廢墟美學」如愛德華·伯汀斯基的攝影作品，將毀滅轉化為審美對象，喚起對文明脆弱性的覺知；數位遊戲如《瘟疫公司》、《最後的我們》，則以互動敘事讓玩家體驗災難決策，完成心理層面的「災難免疫訓練」。

建築與設計領域的「韌性思維」同樣值得關注。荷蘭水上社群、日本防震模組建築等實踐，展現了從「抵抗災難」到「適應災難」的觀念轉變。這些設計不追求「永恆堅固」，而是強調空間的可變性與社群的自主管理能力，為末日情境下的生存提供物質與精神雙重庇護。

語言是文明的載體，在災難後經歷失語與重生。東日本大地震後的災民日記、敘利亞戰區的詩歌創作，證明即便詞彙匱乏，人類仍能透過破碎語言傳遞創傷記憶。而人工智能參與創作的現象，則引發想像力的哲學辯證：當機器能模擬人類獨特的情感體驗是否仍具不可替代性？

現實腳步：微小行動的文明價值

從宏大敘事轉向日常實踐，作者以「上門洗車」的創業故事為例，揭示末日意識如何轉化為積極的生活態度。在香港這座高壓城市，創業者透過洗車這一微小行動，建構起對抗不確定性的「微型秩序」——他們無法改變氣候危機或技術風險，但能透過專注服務、建立信任，在混沌中守住生活的質感。

這種「微觀抵抗」體現了一種新的文明覺醒：末日預言的意義並非預測未來，而是提醒我們「珍視當下」。正如作者在結語中寫道：「只要還有灰塵，車就要洗。只要還有人願意服務，世界就不會太糟。」這種務實的樂觀主義，將末日敘事從焦慮釋放轉化為行動號召——文明的未來，取決於我們在每一個日常中做出的選擇。

在預言之外，書寫自己的生存哲學

《預言終結》的核心，是一場關於「毀滅與重生」的思想辯證。作者以歷史為鏡，以未來為題，最終將視角落於人性與行動。在這個充滿不確定性的時代，我們無法逃離末日敘事的影響，但可以選擇如何回應：是陷入虛無主義的恐慌，還是在微觀生活中締造意義？是將末日當作逃避的藉口，還是視為重塑文明的契機？

或許，真正的「預言終結」，不是否定災難的可能性，而是超越對毀滅的執迷，在預言的盡頭看見人類的主動性。正如洗車創業者用雙手擦亮車身，我們每一個人都能以專注與熱情，在文明的「灰塵」中打磨出屬於自己的生存詩學。畢竟，末日從來不是單一的終點，而是無數個當下選擇的匯聚。而我們的選擇，正在書寫未來。

序

當人類凝視終結之時

人類是一種擅長遙望未來的物種。我們以歷史為座標、以神話為隱喻，建構關於「將來」的無數可能性。從部落時期對天災異象的恐懼，到現代社會中對科技失控的焦慮，無論時代如何更迭，「世界的終結」始終是一個揮之不去的命題。

末日預言，從不只是一種文化現象。它是社會集體心理的映射，是人類對失序、災難與不可控風險的內在回應。當自然災害降臨、戰爭爆發、瘟疫蔓延，我們習慣以「預言成真」的語言，為混亂賦予意義。這不僅是尋找解釋的過程，也是情緒管理的一種形式。人們寧可相信某種早有預兆的宿命，也不願承認混亂無由而生。

然而，末日預言從來不只指向一個未來的終點。它更像是一面鏡子，映照出人類當下的矛盾與焦慮。我們將對資源枯竭的恐懼投射為氣候崩壞的幻想，將科技快速發展的失衡轉化為人工智能反噬的危機感。我們不僅在觀察世界如何終結，更在觀察自己如何不安地活著。

本書嘗試從分析與評論的角度，梳理人類歷史與文化中對世界終結的各種理解與想像。全書分為三部：第一部份聚焦於歷史上曾被認為是「末日已至」的關鍵時刻，從神話、宗教到真實的災難事件；第二部份轉向當代與未來，探討科學、政治、技術等因素可能引發的潛在終結圖景；而第三部份則以附錄形式，將理論與現實接軌，提出一種日常層面的回應視角，讓「預言」回到人群與生活之中。

我們無法斷言末日是否真會降臨，也難以確知未來將往何方。但在預言與現實之間，我們或許能找到一種中介的思維方式，讓我們在面對不確定與恐懼時，不至全然迷失。

願本書提供的不只是對末日的描述，更是一種對未來思考的起點。

目錄

第4部——書寫未來的可能

第5部——預言之外的現實腳步

第1部

歷史中的末日映照

01 災難為何令人著迷？

當災難來臨時，人類的本能反應是逃避、生存與保護。然而，在災難尚未真正發生之前，我們卻往往對它充滿關注、幻想，甚至沉迷。這種對災難與世界終結的「著迷」，並非偶然，而是深植於人類心理、文化敘事與歷史經驗之中。

災難不是一種突發性事件，它是一套內化的心理機制，一種深植於歷史中的敘事格式，甚至是一種預設的文化姿態。當人類面對無法控制的未來時，往往透過對災難的凝視來獲得某種意義、某種秩序，甚或某種心靈上的慰藉。從這個角度來看，災難的想像，與其說是對外在毀滅的描述，不如說是一種面向自我存在的不安對話。

集體焦慮與毀滅幻想

從心理學角度觀察，人類對災難的著迷，可視為「集體焦慮」的象徵性表現。這種焦慮源於不確定的時代條件與結構性壓力，諸如經濟動盪、科技進展失衡、政治信任危機、環境資源匱乏等皆可能引發群體性的不安感。當個體無力掌握其生存處境，集體潛意識便傾向尋找能賦予混亂以秩序的象徵性出口，而災難敘事，便提供了這樣一種心靈轉譯的框架。

美國文化人類學者阿什利·蒙塔古（Ashley Montagu）曾指出：「人類在無法處理現實壓力時，往往會將問題投射到一個極端的象徵上，讓內在混亂有一個可以安置的出口。」災難與末日預言，恰恰成為這種象徵的集中體現。

所謂「毀滅幻想」，正是個體面對系統性無力感時的一種補償機制。在現代社會中，個人常感自身難以撼動體制、改變結構，而災難故事則提供了一種心理上的「重啟」幻想：當舊有秩序瓦解，新世界的可能性即得以展現。這種願景之所以具有吸引力，正在於它允許人類想像自身於瓦礫中重新獲得意義與方向。

更重要的是，災難敘事往往蘊含道德評判的隱喻功能。在許多文化中，災難被視為神靈或自然對人類傲慢的回應，是對倫理失序的懲罰。因此，它不只是危機的象徵，更是審判的語言：誰應倖存，誰當承擔後果，均透過這樣的敘事架構得以編排與詮釋。

災難作為文化敘

災難從來不只是偶發性的歷史插曲。自古以來，它已被編入人類文明的文化基因，並以神話、宗教、史詩、民間故事等形式廣泛流傳。在這些文本中，災難並非純粹的破壞力量，而是對人類與自然關係的詮釋、對秩序與混亂邊界的探問。

例如，《聖經》中的大洪水記載上帝因人類罪惡而將世界毀滅，僅保留挪亞一家作為新世界的種子。中國《山海經》則有關於滅世洪災與共工撞倒不周山的記述，象徵天地失衡與宇宙秩序的崩解。北歐神話的諸神黃昏描述諸神與巨人之戰導致世界毀滅，但亦預示新世界將從廢墟中重生。印度教則以「劫火循環」的方式，將世界的興衰歸為永恆的輪迴與法則。

這些神話、傳說與宗教文本共同構成一種敘事母題，即「毀滅——重生」的結構邏輯。災難雖帶來滅絕，但亦開啟更新的可能。文明的連續性不僅得以延續，更在災難之後獲得形而上的再定義。因此，災難敘事從來不僅是哀悼，而是對秩序與價值的重新安排。

在當代文化中，這一結構並未失效，而是以新的語言與媒介形式得以延續。宗教式的審判轉化為科學理性中的預警，例如氣候變遷、人工智能的倫理風險、核能技術的不可控性等，皆被敘述為一種「接近臨界點」的危機想像。然而其核心未變：人類犯錯、自然反撲、秩序瓦解，然後經歷試煉者踏上再造之路。

災難在文學與電影中的演化

隨著二十世紀影像技術與傳播媒介的迅速發展，災難不僅繼續存在於文本與傳說之中，更進一步轉化為視覺文化的核心題材。文學與電影，作為當代災難敘事的雙重載體，不僅反映社會情緒，更提供觀眾一種可控距離下的毀滅體驗。

在文學領域，從十九世紀的瑪麗·雪萊《最後的人》（The Last Man），到赫伯特·喬治·威爾斯的《世界大戰》，人類對災難的想像逐漸從神學領域轉向科學與社會學的批判。二十世紀中葉的反烏托邦作品，如喬治·歐威爾的《一九八四》與赫胥黎的《美麗新世界》，則進一步揭示災難不再源自外部天災，而是制度內部的監控與操控機制。這些文本構建出一種「無聲的末日」，將災難內化為文明結構本身的問題。

電影作為大眾文化的重要表現形式，則將災難的視覺化推向極致。1970年代的《大地震》、《海神號》、《火燒摩天樓》開啟了災難類型片的先聲，以自然災害為主軸呈現人類無助與英勇共存的圖景。1990年代則進入災難電影的黃金時期，《獨立日》、《世界末日》、《天崩地裂》等影片大幅擴展規模與科技特效，災難不再僅限於城市，而是波及全球。

進入二十一世紀，災難影像進一步深化其倫理層面。《2012》、《後天》、《瘋狂麥斯》系列，不僅展示末日景象，更強調災後重建、資源分配與人性選擇的道德張力。觀眾在觀看時，不只是感官參與者，更是價值判斷的代入者。

在這樣的文化條件下，災難已不再只是事件，而成為一種「模擬生存」的工具。人們在虛構的世界毀滅中體驗焦慮、凝視崩塌，並在安全距離內完成一次次的心理演練。這是現代社會對不確定未來所發展出的自我教育機制之一。

末日的想像，其實是對現實的凝視

人類對災難的著迷，終究並非來自對未來的恐懼，而是源於對當下的不安。災難故事所召喚的，不是某個終點的必然到來，而是當前問題的極端呈現——當我們無法正視現實，我們便將其轉譯為災難的語言，以求理解、反省與行動的可能。

因此，本章的核心並不在於災難本身，而在於人類如何藉由災難來理解自己。在無數關於終結的敘事之中，是否也存在著一條隱約可見的生命線？本書將持續探問：在每一段預言的末尾，人類是否其實正試圖說出一個活下去的理由？

02 神話與古文明的警告

當人類尚未建立科學理性與歷史線性時間觀時，對於世界的理解多藉由神話加以組織與傳述。神話不僅是解釋自然與人類起源的工具，更是一種宇宙秩序與倫理結構的敘事載體。在這些文本中，災難常以極端形式出現，如洪水、烈火、黑暗、飢荒與天崩地裂。這些災難不只是描述破壞的過程，它們更深層地映照出文明對倫理失序與存亡邊界的焦慮。

此章將探討古代四大文化體系中的末日象徵，分析它們如何將自然災變與人類行為聯繫起來，並藉此維繫集體記憶、道德觀念與文化身份。更重要的是，這些古老象徵至今仍在當代語境中發生作用，顯示災難敘事的普遍性與持久性。

洪水：重設世界的起點

洪水神話廣泛存在於世界各主要古文明中，是最具代表性的末日敘事原型。作為一種全域性的自然力量，洪水承載的不僅是毀滅，更是一種宇宙重置的象徵機制。其背後的邏輯乃是：當人類世界道德敗壞、秩序瓦解，唯有透過大規模清洗，才能恢復應有的和諧與均衡。

在蘇美文明的《吉爾伽美什史詩》中，神祇因人類過於喧鬧、擾亂神界而降下洪水，試圖消滅整個人類。唯有義人烏特納比什提被神預先警告，得以建造方舟保存人類與動物的種子。這一敘事後來被巴比倫文化繼承，並最終融入《創世紀》的挪亞故事中，成為猶太教、基督教與伊斯蘭教的共同文化資產。

在中國神話中，洪水的意象也佔據核心地位。《尚書》中記載堯帝時代洪水氾濫，鯀因治水失敗被誅，大禹繼承父志改以疏導之法，終成功治理洪水，建立秩序。洪水因此成為「天命試煉」的象徵，治水者亦成為理想領袖的道德原型。

印度教宇宙觀中，同樣存在一則大洪水神話：毗濕奴變身為金魚摩蹉（Matsya），警告人類智者摩奴（Manu）即將到來的大洪水，並指示他建方舟保存知識種子與動植物配對，為下一個宇宙循環準備。這種典型的「毀滅——拯救——重啟」模型，深刻體現出洪水作為「創造前的必要破壞」之文化意涵。

此類洪水神話往往具有三重功能：首先，它作為倫理審判的儀式，為集體行為設下道德界線；其次，它提供創世神話的銜接點，填補過去與未來之間的敘事縫隙；最後，它作為文明存續的象徵性儀式，使人類得以在危機後重新定位自身與世界的關係。

火焰與黑暗：毀滅與重構的雙重符碼

若洪水象徵自然的無情與道德的警告，則火焰與黑暗則進一步延伸出毀滅的主動性與不可挽回性。與水災相對，火災常見於世界末日的最終階段，是一切形態的終結者；而黑暗則象徵理性與神明之光的撤退，是秩序全面崩塌的徵兆。

在印度教中，毗濕奴維繫宇宙的三個面向之一即為濕婆（Shiva）之毀滅者角色。濕婆在劫火（Pralaya）中以舞姿化身為那塔拉賴加（Nataraja），於烈焰中摧毀世界，為新時代鋪平道路。此毀滅並非出於報復，而是宇宙週期自然律的延續，強調時間的永恆性與輪迴性。

北歐神話中的「諸神黃昏」同樣展現了火焰作為終末武器的形象。末日前夕，巨人與神祇交戰，世界陷入混亂，火焰巨人舒爾特（Surtr）手持烈焰劍焚毀大地，天地歸於虛無，直至新世界從海中重生，僅存的神與人將開啟文明新章。

黑暗的末日象徵同樣具備深層意義。在埃及宗教中，太陽神拉每日夜晚進入冥界，與混沌蛇神阿波菲斯交戰。黑暗在此不僅是日夜交替的自然現象，更是有待戰勝的宇宙敵意。若戰敗，太陽將不再升起，象徵秩序的永恆崩潰。

神話學家米爾恰・伊萊亞德（Mircea Eliade）指出，這些災難象徵往往並不僅僅意指時間結束，而是進入「神聖時間」的通道。在古人看來，災難並非終結，而是為恢復「原初秩序」所進行的儀式性重啟。人類藉由毀滅的圖像，不只是面對恐懼，更是以其為契機，實踐對世界結構的重新理解。

災難作為儀式、警示與記憶機制

神話中的災難具有多重功能。首先，它們透過象徵語言處理集體恐懼，轉化為可控的文化敘事；其次，它們作為道德教育的工具，規範社會行為；最後，它們具有歷史記憶的轉譯功能，將真實災難（如古氣候異常、火山爆發、瘟疫流行）以象徵方式保留在集體潛意識之中。

同時，我們也不應忽視災難故事中的「存活者」角色。無論是挪亞、摩奴、還是北歐神話中的麗芙與麗弗希爾，這些角色皆象徵著文明的種子與未來的希望。他們的倖存並非偶然，而是經過選擇、考驗與命定的過程。因此，災難並非純粹的終止，而是為「誰有資格參與新世界」所設下的門檻。

古今對照：神話象徵的當代表述

現代社會雖已高度理性化，神話語言逐漸退出主流科學與政治語境，然而，這些末日象徵並未真正消失，而是轉化為新的文化語法與政策論述。例如，「氣候危機」常被以洪水象徵呈現，如城市被海水吞沒的圖像；科技失控則借用火焰意象，如AI或核能被比喻為「潘朵拉的火種」；而「資訊黑暗」與「真相危機」則以黑暗作為修辭主軸，延伸至對民主衰退的預言性描述。

媒體與政治敘事經常挪用這些末日圖像，進行情緒操控或價值傳播。例如，災難片中的「全球性毀滅」成為集體創傷模擬的娛樂形式；國際組織在推動氣候協議時，也常使用「最後機會」、「臨界點」等具有末日預感的語彙，喚起全球共識。這些例子表明，即使去神話化的現代社會，依然無法擺脫災難語言的敘事吸引力。災難象徵不僅是一種歷史記憶，更是一種集體心理的結構性需求——它讓不確定得以被命名，使恐懼得以被處理，最終提供重新出發的敘事起點。

文明的幽暗倒影

遠古神話並不只是過時的信仰遺跡，它們是文明對終極問題所提出的最初回應，是語言尚未完全分化前，人類所創造出的總體敘事。這些故事所蘊藏的災難象徵，仍深深影響著我們今日理解危機的方式，無論是天災、戰爭、疫病，抑或政治失控與制度崩潰。

在這些象徵的倒影中，我們看見的不只是古代人對命運的恐懼，更是當代人對未來的焦慮。當人類持續追問：「我們是否正在走向終結？」神話早已以其獨特的方式，為這個問題提供了一個隱喻性答案。

我們或許無法逃離災難的敘事框架，但我們能夠透過理解它們，認識自身所處的文明處境，並在不斷逼近的崩解想像中，尋找通往再生的路徑。

03

瑪雅曆法與 2012 年之謎

2012 年 12 月 21 日，一個被無數人引頸以待、也被同樣多人嗤之以鼻的日子，在全球媒體與社群網絡的推波助瀾下，成為二十一世紀初最具代表性的「現代末日預言」之一。這場預言並非源自突如其來的災難事件或宗教啟示，而是基於一種古老而深奧的曆法系統——瑪雅曆法（Maya Long Count Calendar）之上的錯誤詮釋與文化投射。

本章旨在釐清「2012 末日說」的知識背景、媒體機制與文化效應。我們將從瑪雅文明的時間觀與曆法運算出發，分析流言是如何生成與傳播，並進一步觀察 2012 年在全球文化中的集體心理意義，作為當代災難預言的代表性案例。

時間的循環觀：瑪雅長紀曆的基本結構

瑪雅文明，是古代中美洲最重要的文化體系之一。其數學、天文與曆法系統極為精密，其中「長紀曆」（Long Count Calendar）更以其對宇宙時間的獨特理解，成為後世末日預言的觸媒。與現代的線性時間觀不同，瑪雅人視時間為一種週期性存在，宇宙運作由無數個「大輪迴」（baktun）組成，每個週期皆代表一個完整的宇宙階段。

瑪雅長紀曆的起始日被設定為西元前 3114 年 8 月 11 日（格里曆），而每一個「baktun」相當於約 394 年。根據計算，第十三個 baktun 將於西元 2012 年 12 月 21 日結束，這一天在曆法上被記為 13.0.0.0.0，是一個極為罕見的紀年節點。

然而，瑪雅文獻並未在此日標註任何關於世界毀滅的預言。事實上，許多瑪雅碑銘記錄著超過第十三 baktun 的未來事件，顯示他們對時間有著遠超於「終點」的理解。換言之，2012 年只是某一循環的結束與新一循環的開始，並無「終末」之意。

這種對時間的週期觀，與印度教中的「劫」觀念相似，強調的是宇宙不斷經歷創生與毀滅的自然過程。只是，在現代語境中，這種循環邏輯被誤讀為終極性的終結。

從學術到陰謀：一則誤讀如何變成全球恐慌

2012末日預言的形成，並非起於瑪雅人自身的宗教信仰或歷史記載，而是源於現代人對古文明的曲解與再詮釋。這場文化誤讀最早可追溯至1966年考古學家麥可·柯（Michael D. Coe）的著作《瑪雅人》（The Maya），書中提及「長紀曆第十三個baktun的結束在瑪雅神話中可能象徵世界末日」。儘管此言論僅為假設性描述，卻逐漸被大眾文化與邊緣思想圈放大為確定預言。

進入二十一世紀，這種觀念被新時代運動者、神祕學家與各類「另類史觀」作家所採納，並與其他預言系統（如諾查丹瑪斯、占星學、外星生命論）融合交錯，逐步形成一套複雜的「2012終結論」敘事框架。

大量通俗書籍與紀錄片如《2012：瑪雅末日預言》、《倒數計時：人類的終結》等廣為流傳，將原本孤立的學術註腳包裝成近乎宗教性的啟示文本。此一現象說明：末日預言的傳播，往往不是知識的傳遞，而是情緒的擴散與符號的再造。瑪雅曆法因此從一個精密的文化遺產，轉化為一個符號化的末日代碼，並嵌入全球文化的潛意識之中。

媒體機制與末日情緒的擴散

2012 年之所以成為全球性末日想像的集中點，媒體在其中扮演了關鍵角色。主流新聞平台、大型出版商、紀錄片製作公司與好萊塢娛樂產業，共同建構出一個多層次的預言產業鏈條，使得 2012 不僅是一種虛構敘事，更是一場文化事件。

特別值得注意的是，2009 年上映的電影《2012》，由導演羅蘭・艾默瑞奇執導，以驚人視覺特效重現地殼位移、海嘯吞噬城市、白宮倒塌等世界崩毀景象，在全球創下超過七億美元票房。該片不僅鞏固了「2012

＝世界末日」的圖像邏輯，更使災難敘事進入日常生活的視覺記憶中。

社交媒體的迅速興起亦加劇這種情緒的擴散。YouTube 上關於 2012 末日的影片成千上萬，Facebook 與論壇充斥著自稱「末日先知」的用戶與反駁者之間的爭辯。在這樣的傳播結構下，2012 不再只是預言，而成為一種情緒容器，一種集體焦慮的投射屏幕。

心理學家指出，這種「期限式恐懼」（deadline anxiety）能為個人帶來虛幻的控制感：在一個混亂不安的世界中，至少還「知道」終點何時到來。末口預言因此成為一種情緒管理工具，對抗無限期不確定性的精神焦慮。

2012 年作為文化現象的收束與反思

2012 年 12 月 21 日終究如常而過，地球沒有被黑洞吞沒、行星沒有對齊、文明沒有崩潰。然而，這場虛構的末日卻在全球文化中留下了真實的足跡。它不是一場預言的實現，而是一場全球性的敘事實驗——關於信仰、媒體、想像與人類對未來的無盡擔憂。

事實上，2012所引發的關注與效應，遠超過過往多數末日預言。它同時結合古文明、神祕主義、科學語言與娛樂文化，使得災難預言不再僅屬於邊緣群體，而被主流社會接納為某種可討論、可模擬、可消費的話題。

而在這場末日未遂的過程中，人們也對「預言」本身產生新的認識：它不必指向真實的未來，但能揭示我們對當下的不安；它未必改變歷史，但可反映我們如何建構意義。2012年成為一次集體的投射，提醒我們：在無法預測的現實中，關於「終結」的想像，或許比真正的終結更有穿透力。

當末日不來臨，我們學到了什麼？

2012的末日敘事是一場虛構的記憶，但其形成、擴散與結束的過程，提供了理解現代社會如何處理不確定性的重要視角。它揭示了預言如何不再依賴神明與經典，而可透過數據、曆法與圖像進行現代性包裝；它也說明，在資訊爆炸與媒體過載的當下，末日不僅是時間上的斷點，更是象徵性的投射：我們對未來的恐懼，最終總會折射為對當下的疑問。

當預言未成真，我們或許該慶幸，但同時也應自問：這場集體想像的背後，是不是仍有未解的焦慮在運作？而這種焦慮，是否仍將以另一種預言的形式，重新回到我們眼前？

04 《啟示錄》與基督宗教的末日觀

在所有關於世界終結的經典文本中，基督宗教《新約聖經》末卷《啟示錄》（Revelation）無疑佔有極為特殊的地位。它不僅是基督教神學中關於末世的核心文本，也是西方文化想像中關於審判、毀滅與救贖的象徵母本。《啟示錄》所提供的圖像語言——騎士、天啟、號角、獸印、烈火、千禧年——深刻塑造了後世對「世界終末」的理解與敘述結構。

本章將探討《啟示錄》中的主要象徵及其歷史上的詮釋爭議，進一步梳理基督宗教如何在面對災難時以「末世論」為解釋框架，並分析各種「默示派」團體如何將啟示轉化為社會動員與信仰行動的號召工具。透過這些路徑，我們得以理解預言如何由文本轉化為力量，如何成為群體應對混亂時代的神聖語言。

《啟示錄》的象徵語言與結構邏輯

《啟示錄》又稱《約翰默示錄》，傳統上認為成書於西元一世紀末的羅馬帝國時期，由一位名為約翰的神秘作者所書寫。全書以異象形式記述，充滿密碼式的隱喻與象徵性語言，是典型的「默示文學」（apocalyptic literature），即以神秘啟示揭示未來之事，尤其是審判與救贖的過程。

《啟示錄》開宗明義指出，這是一項「顯明」的預言，所描述的是「快要成就」之事。全書主要由以下幾大象徵構成：

1. **七印、七號與七碗**：逐步展開的災難循環，象徵審判進程的展開與世界秩序的解構；
2. **四騎士**：戰爭、瘟疫、飢荒與死亡，成為災難本身的擬人化象徵；
3. **獸與龍的形象**：作為邪惡政權與敵基督者（Antichrist）的象徵；

4. 666之數：「獸的數目」，後世多解讀為具體政治權力的指涉；

5. **新耶路撒冷**：代表救贖者將得以進入的神聖秩序重建。

這些象徵語言並非直指具體事件，而是以高度隱喻的方式呈現神與邪惡之間的終極衝突。許多學者指出，這樣的寫作方式反映了當時基督徒在帝國壓迫下的隱晦表達，是對羅馬政權的象徵性批判。

宗教學者愛蓮．巴克（Elaine Pagels）指出，《啟示錄》原本並非普世預言，而是針對特定歷史情境（即羅馬對基督徒的迫害）所構成的回應。然而，隨著時代推移，文本的象徵性被逐漸抽象化，最終演變為通用的末日模型，為各個時代提供解讀災難與希望的語言資源。

災難作為神意：歷史中的基督教末世詮釋

在中世紀與近代初期，歐洲社會屢次遭遇重大災難，例如戰爭、瘟疫與飢荒，基督教社群往往將這些事件視為《啟示錄》預言的「實現」，或作為「審判日」將臨的徵兆。此種解釋邏輯深刻影響了西方世界對危機的集體情緒與回應方式。

十四世紀的黑死病，便是典型例子。當時歐洲三分之一人口死於鼠疫，許多神學家與教士認為這是神對人類罪惡的懲罰，甚至有人指稱看到四騎士在夢中顯現。公眾情緒轉向懺悔、苦行、禁慾，產生大規模宗教運動，例如自鞭者（flagellants）遍布歐洲各地，以身體懲罰表達集體贖罪之意。

十六世紀宗教改革時期，《啟示錄》更成為政治鬥爭與教派對抗的象徵武器。馬丁·路德與加爾文等改革者將羅馬教廷視為「獸」，而天主教則反之將新教視為敵基督力量。末世語言遂不再是純粹的神學討論，而是被用來劃分善惡與權力邊界的話語資源。

到了現代歷史，兩次世界大戰亦曾被視為末日徵兆，特別是在核武器出現之後，「審判日」的圖像更具現實威脅性。冷戰期間的美國，許多基督新教教派出版《啟示錄》註釋版本，強調蘇聯即為「東方獸國」，核戰即是《啟示錄》所預言的天火懲罰。這種末日意識滲透至政治決策與社會運動之中，形成一種深層的宗教國族論述。

默示派運動與末日的實踐型信仰

《啟示錄》作為宗教文本，不僅在象徵層面提供末日語言，也在行動層面激發一系列以默示為中心的宗教運動，通稱為「默示派」(apocalyptic movements)。這些團體常具有以下幾個特徵：

1. 相信當代即處於預言中所指的「末世時代」；
2. 擁有明確的敵我二元觀，將特定政權、文化、種族或制度視為「獸國」或「敵基督」；
3. 提出救贖方案或靈性逃逸方式，如信仰重生、社會隔離、神聖社群建立；
4. 具有強烈的行動動員傾向，常以末日作為迫切號召。

歷史上著名的默示派運動包括十九世紀美國的米勒派（William Miller），該教派預測世界將於1844年終結，吸引成千上萬追隨者，但當日無事發生，史稱「大失望」（The Great Disappointment）。此事件後衍生出今日的基督復臨安息日會等教派，顯示預言雖未實現，卻足以形成持久的宗教群體。

二十世紀末的大衛教派與其在 1993 年與美國聯邦執法機構衝突後自焚事件，更凸顯默示派的危險性。其領袖大衛・考雷什自詡為《啟示錄》中開啟七印的羔羊，鼓吹世界將毀於美國政府的邪惡力量，信徒因此選擇「集體殉道」以完成預言。

在較為溫和的情況下，許多教派則以《啟示錄》為教義核心，建立對現代社會的批判性立場，並透過媒體、出版與網絡傳播末世訊息，維持一種不斷更新的「臨界心態」。這些默示型信仰團體常具備極強的凝聚力與行動組織能力，亦在全球各地持續出現。

預言、象徵與政治的三重結構

《啟示錄》的歷史影響不僅止於宗教領域，它是一部橫跨神學、政治、心理與文學的多層文本。它以其深刻的象徵體系與末日敘事框架，提供了理解人類如何面對恐懼、暴力與秩序崩潰的思維模式。

在不同時代，《啟示錄》的解釋權隨著權力結構而流動。它可成為對抗壓迫的鼓舞力量，也可化為壓制異端的工具。它既是受害者的解放神話，也可成為施害者的正當化話語。這正是預言文本的雙面性：它能引導信仰，也能操縱情緒；它可激發希望，亦可煽動恐慌。

在當代資訊社會中，《啟示錄》的象徵語言持續被挪用於新聞報導、流行文化、甚至政策敘事之中。它不再僅是神聖文本的延伸，而是一種集體記憶的迴響，提醒我們 —— 每當社會陷入混亂與不安，人們總會回到某個古老的預言，尋找意義的殘火與秩序的可能。

05

中世紀的黑死病與審判日想像

十四世紀中葉，黑死病（The Black Death）橫掃歐洲，成為歷史上最具毀滅性的瘟疫之一。1347年至1351年間，歐洲人口約三分之一死亡，部分地區甚至超過半數。此一巨災不僅摧毀了人口結構與經濟系統，更深刻動搖了人們對世界秩序與神聖旨意的信仰。瘟疫在中世紀的集體心理中，迅速與宗教預言、末日審判、地獄圖景與贖罪想像糾纏在一起，成為當代災難敘事中最具神學象徵力的事件之一。

本章將從黑死病的歷史背景與傳播過程出發，探討基督宗教對瘟疫的詮釋邏輯，並進一步分析「瘟疫－審判」在文藝作品中的意象建構與文化功能。透過這些敘事軌跡，我們得以理解，瘟疫不僅是生物學上的傳染現象，更是一場文明自身的靈魂拷問。

災難的實相：黑死病的歷史回顧

黑死病的爆發被認為始於亞洲中部，經由絲路與商貿港口傳入歐洲。1347年，鼠疫首先出現在地中海港口城市西西里島的墨西拿，隨即沿商路北上，於短短四年內蔓延整個歐洲大陸。由於當時尚無病原知識與公共衛生體系，鼠疫以驚人速度奪去生命。

當代對黑死病的描述極其驚駭。義大利歷史學家喬瓦尼·維拉尼（Giovanni Villani）在佛羅倫斯的記錄中提到街道屍體堆積如山；而英國史家亨利·奈特（Henry Knighton）則指出農田荒廢、牲畜無人管理、整個村莊人去樓空。

這場災難對歐洲社會的衝擊超越了物質範疇。當人們無法以自然知識解釋瘟疫時，宗教與神學提供了主要的詮釋工具。人們普遍相信，瘟疫是一種天譴，是上帝對人類罪惡的懲罰，是世界走向終結的徵兆。

神意與審判：宗教對瘟疫的回應

在黑死病橫掃歐洲的過程中，教會與民間信仰出現兩種對立但交織的反應：一方面是強化既有教義對災難的解釋，認為瘟疫是神對世人腐敗、放縱與信仰冷漠的審判；另一方面則是對教會權威本身的質疑，導致靈性焦慮與宗教重整。

教會高層多認為瘟疫是「末日審判」的預兆，援引《啟示錄》中「死亡騎士」與「瘟疫」的意象，將當下現實與神學預言對接。許多神父與主教勸誡信眾悔改懺悔、行善濟貧，以求得來世之救贖。

同時，民間亦出現大量極端反應。其中最著名的，是所謂的自鞭運動（Flagellants Movement）。這些人認為教會無力替人民贖罪，於是自行組成苦行隊伍，赤裸上身、沿街鞭笞自身，以身體痛苦表達對神的懺悔。他們常唱誦悔罪詩歌、舉行祭典，並相信自己的苦行可為整個城市爭取赦免。

然而，教會對這類自發行動逐漸感到威脅，視之為異端而加以鎮壓。

瘟疫期間的神學與社會秩序因此出現斷裂，預示了宗教信仰在黑死病之後將面臨一場深刻重構。

瘟疫、末日與文化想像的結合

瘟疫作為實際災難，其所引發的文化反應卻往往指向象徵性世界的重構。在黑死病肆虐之後的幾個世紀中，歐洲文藝與宗教藝術中，末日審判、煉獄之火與靈魂拷問等主題大量湧現，成為反映時代恐懼與贖罪焦慮的主調。

「死亡之舞」（Danse Macabre）圖像廣泛出現在教堂、墓地與手抄本插畫中。畫中骷髏手牽貴族、農民、教士與小孩，一同起舞，象徵死亡面前眾生平等，也傳遞出末日即將來臨的警訊。

「最後審判」成為教堂壁畫與祭壇畫的常見主題，如喬托、凡·艾克與米開朗基羅等名家皆曾繪製以耶穌審判萬民為核心的構圖，展現靈魂升天或墮落地獄的命運二元。這些畫作強化了信徒對來世後果的想像，亦提供視覺化的道德教化功能。

文學方面，薄伽丘的《十日談》、喬叟的《坎特伯里故事集》等作品，雖非純粹宗教文本，卻以黑死病作為背景或隱喻，呈現人在瘟疫面前的脆弱、欲望與逃避，亦反映社會倫理結構的鬆動與再建。

瘟疫與末日的連結，使中世紀的死亡不再只是生命終止，而是靈魂審判與神意揭示的時刻。災難於是成為一場宗教劇，一場人類與永恆之間的公開對話。

信仰的裂痕與近代的來臨

黑死病對歐洲宗教體系的衝擊，並不止於信徒情緒層面，更深層的影響是對教會權威的動搖與宗教形式的重新評估。瘟疫期間，許多神職人員逃離職守，或因感染而死，導致牧靈功能失效。信眾見此情形，對教會是否真能傳達神意產生懷疑。

這種信任危機，為日後的宗教改革與信仰多元鋪下心理與制度的前提。在黑死病之後，歐洲社會逐步出現神秘主義、自主閱讀聖經、靈性個人化等傾向。末日不再僅由教會詮釋，而成為個人與神之間直接對話的場域。

在這樣的文化變遷中，「末日」逐漸從神學命題轉化為社會批判與個體思索的象徵語彙。災難與救贖的想像，亦從天堂與地獄之間，轉向現世秩序的反思與倫理重構。

當瘟疫成為末日的引信

中世紀的黑死病，不僅是一場自然災害，更是一場文明的靈性危機。它動搖了神學秩序、催生了新的信仰實踐、重構了文藝與倫理的想像。災難的降臨使人類不得不面對一個永恆的問題：當世界秩序崩潰，誰來審判？誰能得救？

瘟疫所帶來的末日意識，提醒我們：災難並不只是過去的故事，也不只是未來的威脅，它始終在當下發生——在人心最深處、在社會的裂縫中、在文化所迴避的問題裡。

而歷史也一再表明：人類雖無法預測災難的到來，卻總能在廢墟中重構秩序。正如地獄圖像之後，總有光明破曉之日；在黑死病的陰影過後，文藝復興亦將萌芽於廢土之上。

06

戰爭與文明的邊界

若說瘟疫使人感受到自然界對人類傲慢的反撲，戰爭則讓人直面人類自身所製造的終結風景。自二十世紀以降，戰爭不再僅是帝國競逐或疆域衝突，更成為文明整體解體與重構的觸發點。第一次與第二次世界大戰，作為近代人類史上規模最宏大、影響最深遠的兩場戰爭，不僅重塑國際秩序與技術發展，更在集體心理中，刻下毀滅與重生、絕望與審判的矛盾印記。

戰爭，特別是兩次世界大戰，往往被視為預言中「文明終結」的具象實現。在戰火、屠殺與極權崛起之間，宗教、神秘主義與政治意識形態交織運作，重新開啟了人類對「最後日子」的想像。本章將探討戰爭如何動搖人類對秩序與理性的信仰，並揭示納粹主義如何將神秘預言融入其意識形態工程之中，試圖召喚一個自我神化的末日秩序。

第一次世界大戰：理性崩潰的預兆

1914年爆發的第一次世界大戰，對當時仍深信啟蒙理性、科學進步與人類文明線性發展的西方社會而言，無疑是一場巨大的精神震撼。戰爭歷時四年，造成約1600萬人死亡、2100萬人受傷，歐洲幾近崩解。這場浩劫的真正恐怖，不僅在於殺戮的規模與效率，更在於其徹底暴露出「現代性」的反面：技術可以促進文明，也可以助長屠殺；理性可以推動進步，也可以規劃毀滅。

哲學家保羅．瓦萊里（Paul Valéry）在戰後寫道：「我們文明知道它可以被摧毀，而不是被征服。」這句話成為二十世紀初西方文化自我懷疑的象徵。知識菁英開始質疑十九世紀所建構的進步敘事，而普通民眾則將無法解釋的苦難投射到形而上的命題上——是否一切真的將終結？人類是否已走到道德與理性的邊界？

在這種文化氛圍中，啟示性語言重新浮現。許多知識分子開始轉向神秘主義、靈性運動或東方宗教，尋找在理性解體之後仍可支撐精神的依據。末世思維因此從邊緣回歸中心，並為下一場更劇烈的災難預先構築了符碼系統。

第二次世界大戰：末世想像的實現與變形

若第一次世界大戰是理性幻滅的開端，則第二次世界大戰無疑是毀滅邏輯的全面展開。從1939年至1945年，全球捲入一場空前規模的戰爭，超過7000萬人死亡，猶太人大屠殺、廣島與長崎的核爆，將人類對末日的想像轉化為具體可見的現實景觀。

在這場戰爭中，「末日」不再只屬於宗教語言，它進入政治語言與科技語言之中。納粹德國與蘇聯兩大極權政體的崛起，分別以不同形式試圖重塑世界秩序，並在敘事中引入某種「終末救贖」的隱喻：透過毀滅舊世界，創造全新人類與社會。

尤其納粹主義對「選民」、「重生」、「潔淨」等神學概念的政治挪用，構成近代歷史上最具毀滅性的神秘化國族敘事。

納粹主義與神秘預言的交錯結構

納粹政權並非純然世俗政體，其思想中夾帶大量神秘主義、占星學、種族神話與預言式語言。希特勒本人雖不以虔誠信徒自居，卻深知宗教語言與象徵圖像對群眾動員的強大力量。他以德意志民族為「天選民族」，自許為拯救者，並預言帝國將延續千年，形塑了一種具有默示性格的政治神學。

納粹黨內部多個核心人物，如希姆萊（Heinrich Himmler），深信日耳曼神話與雅利安種族的靈性優越。他於黨衛軍中推行一套結合古日耳曼符文、神秘主義與種族學的儀式體系，試圖重建一種原始—末世的歷史連續性，將納粹德國定位為文明重啟的先鋒。

此外，納粹對古文明遺跡、藏傳佛教、亞特蘭提斯傳說等神祕主題的痴迷，反映出其對「遠古智慧」與「末世啟示」的雙重投射。他們派出探險隊至西藏與安第斯山脈，意圖尋找證明「原初種族」優越的神話痕跡。這些行動不僅是政治操作，更是一場神話實驗——將象徵轉化為政治實踐，試圖在歷史之上再創神話。

納粹所營造的「末日景觀」，不僅表現在對外戰爭，更滲入內部統治之中。集中營、毒氣室與滅絕政策，皆在一套結合預言、選擇與潔淨的思維中獲得「神聖化」的合理性。末世不再是外在降臨的結果，而是內部工程的目標：藉由摧毀異己，實現種族純化的「新世界」。

戰爭作為預言的現實轉譯

戰爭不只是歷史事件，更是一種文明自我反思的極端形態。在兩次世界大戰中，人類親眼見證自己所建構的制度、倫理與知識體系如何被毀於自身手中。末世預言因此不再只是宗教文本中的寓言，而是成為歷史現實的腳本與觀者的隱喻：我們所恐懼的未來，或許正在我們自身手中被製造出來。

戰爭所觸及的，不只是疆界或政權的變動，更是文明核心價值的崩潰與再定義。當納粹主義將預言轉化為國策，當核子武器成為戰爭終結的工具，當滅絕成為拯救的語言，人類進入了一個前所未有的文明試煉階段——末日不再是神意的降臨，而是人為的製造。

未來是否仍將重演這類歷史循環，我們無法預測。但我們可以肯定的是：預言從未遠離戰爭，而戰爭總在不同時代，不斷將預言化為現實。

07 預言的誤解與濫用

預言，原本是一種面向未來的精神探索，是人類在面對未知與不安時，嘗試理解宇宙秩序與命運流向的方式。然而，在現實歷史中，預言從來不只是宗教或哲學的內部對話。它經常被重新詮釋、錯誤理解，甚至被蓄意扭曲，成為操控群眾、合法化權力、動員行動的敘事工具。

本章將盤點歷史上數起著名的預言誤讀與濫用案例，並分析政治與宗教如何借助「末日語言」操縱大眾情緒，建立權威或掩蓋現實問題。進一步，我們將探討預言在現代社會中的「媒體功能」：不僅是對未來的想像，更是一種建構與支配集體意識的語言機制。

從錯讀到預設：歷史上的預言誤解

歷史上被誤讀的預言往往並非來自原始文本的荒謬，而是解釋者選擇性地抽取、重組與附加意義，將之套入特定情境中，使其看似對應現實，進而產生「神秘吻合」的錯覺。

最著名的例子莫過於諾查丹瑪斯（Nostradamus）。《諸世紀》一書以曖昧、模糊的詩句構成，缺乏具體時間與人物，卻長期被視為具有高度準確性的預言文本。從拿破崙、希特勒、911事件到新冠疫情，每逢大事便有解讀者引述其文，將模糊語言重新編碼，宣稱其「早有預示」。

然而學界普遍認為，這種「事後預言」的解讀邏輯，實質上是一種逆向建構：人們先有事件，再回溯性地尋找符號與語句，證明其合理性。這種行為本身反映了大眾在面對混亂時對秩序與意義的強烈渴望，也說明模糊語言的可塑性如何促成集體信念的形成。

同樣地，聖經《啟示錄》也常在歷史中被誤讀。例如將「666」與特定政治領袖對應、將「獸」指向敵對政權、或將「七印」對應自然災害。

這些對號入座式的解釋，往往無視文本本身的語境與文學特性，而是將預言工具化、情緒化，使其成為立即可用的權力論述。

宗教與政治對預言的挪用

在宗教歷史中，預言從未只是靈性啟示，更多時候是一種結構性話語，用以建立信仰權威、劃定正統與異端、甚至發動改革或清洗。以中世紀晚期的再洗禮派（Anabaptists）為例，某些分支曾預言新耶路撒冷即將降臨，並將德國明斯特（Münster）視為天國中心，建立宗教公社，進行財產公有與婚姻制度改革，最終導致血腥鎮壓。這類運動表面以「神啟」為名，實則為群體對現實不滿所投射的集體幻想。

到了近現代，預言更頻繁出現在極權政治中，成為正當化暴力與控制的手段。例如納粹宣稱猶太人是「文明衰敗的徵兆」，以此預言未來災難，進而合理化種族清洗；蘇聯斯大林時代亦常引用歷史必然論，將異見視為革命終結的「阻礙」，需要被「先於未來清除」。

這種將未來災難轉化為當下行動的操作模式，正是預言論述在權力語境中的核心功能：它不僅創造危機，更製造危機下的唯一出路。預言因此成為控制未來想像權的話語武器。

媒體、預言與操控敘事的現代機制

在當代，預言不再專屬於宗教文本或靈異學說，它已進入媒體系統與公共語言之中，成為各類敘事機構所採用的戰略語彙。從氣候災難、經濟崩潰、AI反叛、世界大戰，到宇宙撞擊、資訊失控等，每一種危機報導中，皆蘊含某種「潛在預言式」的結構：

1. 目前看似平靜的世界實則潛藏巨大風險；
2. 科學、智者或資料早已提出警告；
3. 若不立即採取行動，結局將不可逆轉。

這樣的敘事形式，不僅製造注意力與焦慮，也形成對權威資訊源的依賴，使「知未來者」自然獲得話語主導權。無論是國際智庫、政府機構還是科技巨擘，皆透過這類敘事模式強化其預測能力與道德主張。

更重要的是，這種媒體化的預言話語，經常與商品、政策與意識形態掛鉤。例如某項科技產品被包裝為「對抗未來崩潰的唯一選擇」、某項法案被塑造成「阻止末日的必要措施」，使預言轉化為操控消費與公共選擇的力量。

預言因此不再單純是語言或宗教形式，而是一種「敘事設計策略」。它操作的不僅是時間感與焦慮感，更是價值判斷與行動導向。

預言的雙刃

預言作為一種古老的語言形式，歷來在歷史中扮演啟示與導引的角色。然而，它同時也具備強大的操控潛能。當預言被選擇性解讀、反覆誤用，甚至刻意濫用時，它將從啟示者轉變為支配者，從導引未來的光變為遮蔽現實的影。

對此，我們不能只是將預言視為「對錯」的問題，更應視為一種敘事行為——誰說、為何說、在什麼語境中說。真正的預言，或許不是告訴我們世界將如何終結，而是引導我們理解在這樣的焦慮中，誰正在書寫未來，誰又在刪改過去。

因此，理解預言，也就意味著理解語言與權力之間的深層結構。若我們能意識到預言所隱藏的敘事意圖，也許才能真正從預言的束縛中掙脫，回到面對現實的主體位置上。

第2部

未來的末日想像

08 科技的崛起與風險悖論

當人類從神話與戰爭的焦土走入二十一世紀，末日預言不再主要來自神的警告或自然的報復，而是從人自身所創造的技術之中湧現。人工智能、深度學習、腦機介面、量子計算、合成生物學等領域的迅猛發展，不僅帶來無可否認的效能提升，也同時製造出一種全新的焦慮模式：技術是否會超越控制、反噬創造者，成為文明自身的終結力量？

這種焦慮構成所謂的「科技末日論」（technological apocalypse）。它不同於宗教式的審判，也有別於自然災變的被動接受，而是一種自我導致、自我預期的崩潰場景：科技發展越快速，人類對其後果的掌控力就越低；我們越理解系統的潛能，就越意識到其失控的可能。

本章將探討這一現代末日敘事的核心命題，分析人工智能與腦機介面等前沿科技所引發的倫理、政治與存在性問題，並引介未來學者與技術悲觀主義者的觀點，思考：當科技成為預言主體，人類是否仍保有自主書寫未來的能力？

人工智能的雙重意象：工具與主體之間的焦慮

人工智能的發展，是當代末日論述中最常被觸及的議題之一。它的魅力在於，它同時承諾解放與威脅：它可能為人類解除重複性工作、提供醫療突破與運算支持，但也可能取代勞動、操控資訊、監控個體，乃至於**產生超越人類理解的判斷行為。**

尤其在深度學習（deep learning）與生成模型（如GPT、GAN等）的驅動下，**AI**已非單純模仿人類，而是逐漸能夠「自我訓練」、「自我優化」。許多科技觀察者開始質疑，當我們無法理解**AI**如何得出答案時，我們是否已將決策權移交給一個「非人意志」的體系？

未來學者尼克．博斯特羅姆（Nick Bostrom）在其著作《超智慧：路徑、危機與策略》中指出，一旦出現「通用人工智能（AGI）」——具備全領域思考與學習能力的系統，將可能出現「智慧爆炸」（intelligence explosion），使AI在極短時間內達到超出人類可預測範圍的運作能力。

這類預言不僅具有邏輯性，也蘊含深層象徵意涵：人類長久以來的神創論角色正在反轉。創造者可能不再擁有主導權，工具可能轉變為主體，而預言的敘事軸心也從「天命」轉向「技術自毀」。

腦機介面與人機融合的倫理困境

除了人工智能，腦機介面（brain-computer interface, BCI）技術亦是當代科技末日論中不可忽視的構件。這類技術企圖突破大腦與外部設備的界線，透過神經訊號直接操控機械、虛擬空間乃至於記憶儲存與認知模式調整。代表性實驗包括神經連接公司（Neuralink）試圖在人腦中植入晶片，使人可以「意念輸入」電腦，或將意識資料化，進一步邁向「人機融合」。

然而，這樣的科技路徑背後蘊含龐大的哲學與倫理問題：當意識可被儲存、操控、交換，人類的主體性與自由意志是否仍然存在？若意識可以數位化，死亡是否仍具終極性？若身體可以擴充，身份是否仍具界限？

某些未來主義者，如雷蒙．庫茲威爾（Ray Kurzweil）樂觀地預測這將是人類進化的下一階段，即「奇點時刻」之來臨；但也有批評者指出，這類技術若落入集權或商業壟斷體系，將可能造成意識殖民、人格商品化，甚至形成階級式的「升級社會」。

人機融合不僅改變生理機能，更撼動哲學基礎。若人可以成為機器，或被機器延伸，那麼「人類」這一概念本身是否仍具實質意義？這正是末日預言在科技時代中的新樣態：**不是肉體的終結，而是存在的溶解。**

技術預言者與悲觀主義者的兩難視角

對於這些科技未來的想像，現代社會出現了兩種極端觀點：**技術救世**

論與**技術悲觀主義**。前者相信科技能解決一切問題，甚至取代傳統道德與制度；後者則視科技為文明自我摧毀的引信，警告其不可控性將最終導致人類式微或徹底替換。

悲觀主義者如伊凡·伊里奇（Ivan Illich）、泰德·卡辛斯基（即「一枝花」Unabomber）等，批判科技早已不再為人服務，而是使人類適應其節奏與結構。他們指出，當科技發展成為價值本身，人類將不再是決定者，而是系統的一部分，甚至是其副產品。

而當代哲學家尤瓦爾·赫拉利亦在其著作中多次警告：「資料將成為神明，演算法將取代倫理。」這些觀點共同指出一個隱含的末日預言：科技雖非以毀滅形式終結人類，卻可能透過**漸進式的剝奪、重組與置換，使人類無聲地消失。**

科技災難的模擬與文化符號建構

在文學、電影與模擬實驗中，「科技崩壞後的人類」已成為主題母型之一。從電影《銀翼殺手》、《駭客任務》、《她》、《超感∞人組》、《黑鏡》等系列，到小說如《機械人生》、《神們自己》，無一不圍繞著「人類與系統之間的模糊邊界」進行探索。

這些作品不僅滿足想像，更提供「模擬災難」的心理體驗。觀眾透過故事體驗AI叛變、網絡意識失控、記憶喪失等情境，得以在安全距離中預演未知，建立情緒免疫。正如古代神話中的洪水與火焰，如今的科技災難亦成為當代社會自我理解的重要敘事場域。

這些末日敘事所反映的，其實是對控制的雙重迷戀與恐懼：我們一方面期望科技能掌控萬物，一方面又懷疑其會反向掌控我們。在這種悖論中，預言並非對某個未來的指涉，而是當下不安的折射。

當預言來自實驗室

科技時代的末日想像，已不再依賴遠古神諭或宗教典籍，而是來自科學報告、技術路線圖與創新實驗室。未來不再遙不可及，而是在測試階段、在雲端伺服器中、在演算法的微調裡。

這種以技術為主體的預言模式，促使我們重新思考「人類中心」是否仍然有效。我們是否仍能掌握未來？我們是否還有權定義文明的進退？抑或，我們早已開始活在另一種形式的預言裡——一種由代碼書寫、由運算決定的末日圖景？

科技的未來，從來不只是功能性的問題，更是一場關於存在與控制、自由與秩序的哲學考驗。而在這場考驗中，人類既是創造者，也是被創造的對象。預言的悖論，在此展開得前所未有地清晰而沉重。

09

氣候災變的倒數計時

在所有現代末日預言中，氣候變遷是最具科學根據、最直接可感，也最難以逃避的一種。不同於瞬間發生的毀滅性災難，氣候危機是一場緩慢而無聲的崩解。它沒有爆炸，沒有號角，也不會一夕之間覆滅世界。它以持續而堅定的方式侵蝕人類文明的基礎，讓秩序在不知不覺中傾斜與沉陷。

從北極冰層融化到熱浪、乾旱、洪水與海平面上升，氣候災變早已不只是預測，而是正在發生的現實。與此同時，氣候危機所引發的資源競爭、移民壓力、地緣緊張與社會不穩定，也正在構成一場前所未有的全球性生態政治挑戰。

本章將探討氣候變遷所帶來的當代風貌與深層結構，分析其衍生出的社會與政治效應，並比較各國與國際組織的應對途徑與其效力，在這場「緩慢末日」的倒數中，思考人類是否仍有反轉的空間。

緩慢崩壞的地球現況

根據聯合國政府間氣候變遷專門委員會（IPCC）的最新報告，全球平均氣溫已比工業革命前上升約攝氏1.1度。若依目前的碳排放趨勢發展，21世紀中葉氣溫將突破攝氏1.5度門檻，這被廣泛視為不可逆的氣候轉折點。一旦超過這一界線，生態系統將開始以加速度的方式失衡，難以用現有手段控制。

氣溫上升引發的現象早已蔓延全球。極端天氣事件不僅在頻率上顯著增加，強度也大幅提升。近年來，澳洲與北美西岸的森林野火、歐洲與印度的高溫熱浪、南亞的季風洪水，都已從異常變為常態。冰層與凍土快速融解，不僅導致海平面持續上升，更釋放出儲存在極地的古老甲烷，加劇溫室效應的回饋循環。

全球沿海地區面臨被海水淹沒的風險。根據預測，至本世紀末，海平面上升可能達50至100公分，屆時將有數億人面臨居住地消失的威脅。農業生產也受到氣候異常干擾，氣候條件的不確定性使糧食供應面臨長期壓力，特別是在依賴天候的地區。

這些環境變化所代表的並非單一現象，而是世界正在進入一個新地質時期——「人類世」。在這個時期，氣候不再是自然變因，而是人類活動直接塑造的結果。也因此，氣候危機不僅是科學問題，更是一種文化與文明的命題。

氣候作為衝突的導火線

氣候災難的後果不僅止於自然環境的破壞，它對人類社會的影響更為深遠。最直觀的，是氣候難民問題的急遽升溫。極端氣候導致農業失收、水源枯竭與土地荒化，使得數以百萬計的人被迫離開原有居所。世界銀行估算，到2050年，受氣候影響而遷徙的人口可能超過兩億。

這類由氣候所驅動的移民潮通常與現有的貧困、政治不穩、族群緊張等問題交織，極易引發地方與國際衝突。敘利亞內戰前的旱災即被視為催化因素之一，而非洲薩赫爾地區的土地沙化也正驅動青年往北遷徙，導致歐洲邊境管理面臨壓力與挑戰。

氣候變遷同時也是資源戰爭的潛在引信。在水資源緊張的地區，氣候變化所導致的流域爭奪、灌溉配額糾紛與跨國水權衝突，正在逐步上升為區域性對抗。當能源與糧食供應鏈受氣候干擾時，國與國之間的競爭將更加激烈，甚至可能轉化為武力衝突。

許多地緣政治學者認為，氣候問題將成為21世紀安全議題的核心，不僅改寫傳統安全的定義，也挑戰現有制度的穩定性。末日的輪廓不再來自單一事件，而是結構性危機的累積與聯動。

全球應對的挑戰與極限

自1990年代起，國際社會透過一系列氣候協定試圖減緩這一危機的進程。從《京都議定書》到《巴黎協定》，再到近期的《格拉斯哥氣候公約》，各國承諾減少溫室氣體排放，推動可再生能源，擴展氣候韌性政策。

然而，這些努力的效果並不顯著。一方面，發展中國家與已開發國家之間對歷史排放責任的認定存在根本分歧，全球碳排放的分配議題仍難有共識；另一方面，政治利益的短期考量使得許多國家在氣候議題上反覆無常，承諾與實踐之間形成巨大落差。

能源轉型的步伐也受限於現有產業結構與技術門檻。石化能源仍是全球多數國家經濟命脈，在缺乏經濟替代方案的情況下，碳中和成為遙不可及的願景。此外，先進技術集中在少數科技強權手中，使得全球綠能轉型出現深層的不平等與「綠色霸權」。

在多邊合作受阻之際，越來越多政策制定者將注意力轉向氣候「適應」而非單純「減緩」策略。都市升級、農業多樣化、水資源管理與風險保險等成為優先措施，目標不再是完全避免災變，而是在無法完全避免的情境中延緩崩解，保留系統存續的可能。

慢性末日的倫理與敘事

氣候災變的特殊之處，在於它所引發的末日意識不如核戰或AI危機那般劇烈與集中，而是以一種幾乎不可察覺的速度展開。海平面每天上升幾毫米、冰層逐年後退幾公里、氣候災難每年多幾次，它們並不立即驚人，卻足以在一代人之間改變世界。

這種慢性末日的特性，反而使其更具隱蔽性與破壞力。它難以引起集體性行動，也難以塑造明確敵人與對策。媒體關注度低、政策壓力弱、群眾共識分散，使得氣候危機常陷入「知道卻不作為」的矛盾狀態。

文化領域開始以新的敘事語言處理這種災難結構。從小說、影像、遊戲到社會運動，氣候變遷逐漸轉化為一種文化主題：它不僅關乎未來，更關乎當代的價值判斷與行動倫理。人類是否仍有可能在末日前夜重啟秩序？是否能以集體選擇抵抗必然性？

這些問題正是本書核心所關注的預言結構之延伸。氣候末日不是傳統宗教意義上的審判，而是歷史與技術、行動與延誤之間的交織場域。在這個場域中，預言不再指向遠方的未來，而是一面鏡子，讓我們看見現在所做的每個選擇如何構成後日的世界。

10

核戰陰影下的世界

在所有關於世界終結的現代預言中，核戰爭的場景是最具技術可行性、政治真實性與心理震懾力的一種。與氣候變遷的漸進式災變不同，核戰所預示的是瞬間毀滅的劇烈崩塌；它不是緩慢流逝的末日，而是文明在一夕之間灰飛煙滅的想像。在人類技術歷史中，核武器的出現標誌著一個關鍵轉折點——人類第一次擁有足以立即摧毀自己整個種群的能力。

本章將回顧冷戰時期「毀滅性平衡」的戰略邏輯，分析當代國際衝突中的核戰風險變數，並進一步討論「核後文明」的可能形態與倫理難題。在這個章節中，我們不僅面對技術與軍事問題，更置身於文明自我理解的邊界：當世界可以被瞬間終結，我們是否仍能擁有延續與重建的信念？

冷戰與毀滅性平衡的戰略邏輯

1945年8月，美國於廣島與長崎投下原子彈，造成超過二十萬人死亡，也正式將核武器引入國際戰略秩序之中。其後近半世紀的冷戰時期，美蘇之間的核武競賽並未走向全面對抗，反而建立起一種高度矛盾的穩定狀態，被稱為「毀滅性平衡」（Mutually Assured Destruction，簡稱MAD）。

此一戰略理論的核心在於：雙方皆擁有足以摧毀對方的第二波核反擊能力，導致無論哪一方先行攻擊，最終都將遭受全面報復。因此，**真正的核穩定並非來自武力**，而是來自彼此毀滅的保證。這種邏輯令人不安地穩定了超級強權之間的關係，也將世界推向了道德與理性邊界的地帶。

在冷戰文化中，核末日成為一種普遍而陰鬱的潛意識。小說如《寂靜的春天》、《核冬天》、電影如《奇愛博士》、《最後的海岸》與《當風再起時》皆以核災難為背景，描繪人類在絕滅邊緣的道德試煉與心理崩解。這些作品不僅反映大眾對核武的恐懼，也構築出一種屬於現代文明的預言語彙：核戰不只是武器事件，它是**一場關於人性、科技與權力的文明寓言。**

當代的風險重組：核戰是否仍可能發生？

冷戰結束後，核戰的陰影一度退居幕後。全球去軍事化、裁軍談判與區域穩定似乎為世界帶來某種程度的安全幻象。然而，進入二十一世紀後，地緣政治的新格局、極端主義崛起與非對稱戰爭形式的擴張，再次讓核武風險成為現實議題。

相較於冷戰時期的雙邊戰略穩定，當代的核武風險呈現出更為分散與不確定的多元態勢。核國家數量增加、核技術外流、恐怖主義組織可能取得放射性武器的情境，使得「核衝突」不再僅是超級強權之間的高階談判，而是可能出現在區域性衝突、誤判事件或甚至網絡攻擊所引發的非意圖升級中。

以朝鮮半島與伊朗核計劃為例，核能力若由具有不穩定政權控制，將使「報復性理性」失去有效性。此外，美中、美俄在軍事科技領域的加速競爭，也使太空核部署、超高音速武器與人工智能決策機制引入戰略體系中，進一步複雜化核衝突的風險場景。

模擬研究指出，即使是有限規模的核交火，例如印巴衝突中的核交換，也足以導致全球性氣候災難與食物供應鏈崩潰。這類模擬不再只是軍事演練，而是一種末日劇本的實驗場，在科技理性與政治現實之間，**人類正在測試自身毀滅的極限邏輯。**

「核後文明」的想像與倫理困境

若核戰終究無可避免，我們是否能設想一種「核後文明」的形態？這個問題雖然充滿假設性，卻是當代倫理學、文學與未來研究所無法忽視的命題。

在文學與影視中，「核後世界」通常被描繪為廢墟中的求生鬥爭、文明崩潰後的野蠻重啟，如《瘋狂麥斯》、《核子浩劫》、《人類之子》等作品中的景觀，呈現的是一種高度去制度化與去道德化的生存困境。核爆不僅摧毀城市，更摧毀制度與倫理，使人類回到赤裸的自然狀態之中。

但亦有學者試圖從倫理與哲學角度思考核後社會的價值重建。若僅存者意識到技術與傲慢所帶來的後果，是否可能建立一種更謙卑、更重視合作與限制的社會秩序？或相反，是否人類將再次循環回到建立權力、積累武器的模式？這些問題無法在今日獲得答案，但它們構成了我們反思當代決策與制度設計的倫理起點。

更深層的困境在於：核武器的存在本身已經改變了人類文明的結構。即使從未使用，它的存在便是一種隱形的預言——提醒我們一個技術化的世界可以隨時被摧毀，也同時揭示出：**我們仍以恐懼維繫和平，仍以毀滅作為控制的後盾。**

毀滅作為秩序的一部分

核戰的預言並非虛構恐懼，它是當代世界的一種真實可能。它不來自神諭，不來自啟示，而是由科學、軍事、外交與權力意志共同建構的現代預言體系。與其說核戰是文明的例外，不如說它早已被納入我們秩序的一部分，成為權力平衡、國族戰略與制度想像的內部結構。

在這樣的背景下，真正的問題不是核戰是否可能發生，而是我們是否願意承認其「可能性」本身已經對我們的政治與文化造成了深遠影響。當我們不再以理想定義未來，而是以災難為常態，預言將不再是警告，而是自我實現的劇本。

我們是否還有能力書寫一種不以毀滅為前提的未來？這正是核時代留給我們最難回答的倫理問題。

11

經濟秩序的崩壞預想

文明的延續從來不只是科技或環境的問題，也深深依附於其所依存的經濟秩序。從古代的糧食危機與貨幣崩潰，到現代的金融風暴與通貨膨脹，經濟體系的穩定與瓦解始終牽動著人類對未來的想像與恐懼。在當代，當「全球化」遭遇危機、供應鏈接連斷裂、數位貨幣劇烈波動之際，越來越多的觀察者開始提出一種新的末日敘事：**文明可能將毀於經濟秩序自身的崩潰。**

這種預言不同於核戰或氣候災難那般劇烈可見，它是系統性的失衡，是在既有邏輯內部的自我反噬。它來自於過度依賴技術與市場的全球體系，來自於壓抑太久的階級矛盾與資源不均，也來自於一場場難以預測的信任危機。

本章將從全球經濟系統的結構性風險談起，分析斷裂與中斷的多重表現，並探討數位貨幣與新金融秩序的不穩性，以及階級結構重組的可能性。最終，我們將思考各國與國際組織對未來經濟末日場景的部署與應對策略，並討論「財富的去神話化」在當代末日想像中的角色。

全球化的脆弱性：一體化與斷鏈的矛盾

自二十世紀末以來，全球化被視為人類經濟進步的標誌。勞動力、資本、資源與資訊在全球無縫流通，使生產效率與資本報酬最大化。然而，正是這種高度整合的體系，使全球經濟極度依賴某些關鍵節點與單一供應來源。一旦某處斷裂，整個系統即可能發生連鎖性崩塌。

COVID-19疫情即為一例，突如其來的封鎖措施導致全球製造業斷鏈、物流系統崩潰與能源供應緊縮，揭示了全球化底層的脆弱性。在這之後，地緣政治衝突進一步加劇了這種緊張。例如俄烏戰爭不僅是區域衝突，也間接造成全球糧食與能源價格暴漲，推動各國重新評估「全球依賴」的可持續性。

全球化因此面臨一場價值與戰略上的雙重反思。供應鏈不再以效率為唯一標準，而轉向「地緣多樣化」、「在地製造」與「戰略儲備」。經濟民族主義抬頭，國與國之間競相保護本土產業、限制技術輸出、推動「去風險化」政策。全球一體化的時代，似乎正在進入一種新型的碎片化過渡期。

這樣的變化引發一個根本問題：當全球化不再是經濟穩定的保障，它是否可能成為風險擴散的渠道？當危機不再局限於邊境之內，未來的經濟末日可能不由單一國家觸發，而是由結構性互賴導致的集體崩解。

數位金融的幻象與潛在崩盤

在傳統金融系統之外，數位貨幣的興起一度被視為自由、去中心化與技術民主的象徵。比特幣、以太坊與各類加密資產吸引大批投資者湧入，也催生出「去中心金融」（DeFi）與「非同質化代幣」（NFT）等新型態資本平台。

然而，當這些系統逐漸脫離實體經濟基礎，投機熱潮與系統設計缺陷使其快速波動，並暴露出極高的崩潰風險。2022年以來，加密市場連續遭逢大幅下跌，多個平台破產、資金鏈斷裂，顯示即便在號稱「無政府化」的技術架構中，信任仍是不可或缺的貨幣基礎。

此外，隨著央行數位貨幣（CBDC）的興起，國家對數位金融的監管力也快速升級。這不僅可能改寫貨幣主權的結構，也可能使金融體系從自由市場再次回歸集中控制。在這樣的背景下，金融崩潰不再只是泡沫破裂的技術性問題，而是信任結構、治理能力與政治意志的多重較量。

當信任被摧毀，貨幣將失去其作為「未來承諾」的功能，金融體系則將自我崩解。此刻的預言，不是關於某一幣值的崩盤，而是關於貨幣作為文明基礎的動搖。一旦我們無法用未來保證當下，一切經濟秩序也將走向解構。

階級重組與社會張力的積壓

除了宏觀經濟結構的斷裂，財富分配的不均亦是當代社會結構中不可忽視的潛在引爆點。根據經濟合作與發展組織（OECD）與世界銀行的報告，全球最富有的1%人口擁有的財富總和，已遠超最貧困一半人口的總財富。這種結構性差距不再是區域性問題，而是全球資本主義運作邏輯下的結果。

在技術高度集中與金融槓桿持續擴張的過程中，中產階級的相對地位逐步下滑，社會向「高端資本持有者」與「低保障勞動者」兩極分化。勞動與收入、居住與投資、教育與階層之間的界線逐漸僵固，形成新型態的封閉階級循環。

這種張力在各地已出現政治與社會層面的回應，從「黃背心運動」、「佔領華爾街」、「反全球化抗議」，到數位勞動者罷工與租屋運動，無不顯示「結構性不公」的累積正在接近臨界點。

末日預言在這裡不再來自自然或武器，而是來自制度的內爆與社會信任的耗盡。當大多數人不再相信制度會保護他們，或甚至懷疑制度本身就是造成貧困的機器，那麼「經濟末日」不只是數字上的崩盤，更是價值與秩序的崩潰。

應對未來：風險治理與去神話化的努力

儘管風險不斷擴大，世界各國並非毫無準備。許多國家開始針對經濟崩潰場景進行模擬與戰略部署，例如推動糧食與能源自主、建立數位資產監管機制、重塑供應鏈結構與強化數位金融的風險審查。

另有部分政府則從制度層面出發，試圖重建社會安全網與基本收入保障，透過「普遍基本收入」、「數位稅」、「財富再分配政策」等手段，緩解階級對立與貧富不均所帶來的社會緊張。

然而這些措施多半仍處於實驗階段，效果參差不齊，政治阻力與跨國協調的困難也限制其擴張力。在制度尚未充分改造之際，經濟秩序的維繫仍極度依賴「信任神話」：即市場會自我調整，資本會尋求最有效益的道路，科技會帶來新價值。然而，一旦這些神話被證偽，恐慌與崩解將以更快的速度擴散。

此刻我們所面對的，不只是如何防止崩潰，更是如何在崩潰的預感中重建對未來的語言與想像。去神話化不代表虛無，而是尋找在後資本時代中可持續、可再分配、可共存的經濟結構。

文明的帳本

經濟末日的敘事提醒我們：文明的延續並不止於技術與軍事安全，更深地根植於信任、價值與結構之中。當供應鏈斷裂、貨幣貶值、階級對立擴大，所崩潰的不僅是市場，而是支撐我們生活的那套秩序本身。

我們是否能在系統尚未崩解時進行必要的重構？我們是否願意在財富與權力尚未失衡至極時啟動再分配機制？這些問題構成了當代預言最具現實性的版本——不是關於地球何時毀滅，而是關於制度是否還能持續。

而經濟的未來，最終不只是資本的流向問題，而是文明願意為「共存」付出多大代價的試煉。

12

後人類時代的憂慮

在今日眾多未來學與科技預言中，「後人類」（Posthuman）已不再是純屬虛構的哲學命題，而正逐漸成為科學與倫理的現實座標。隨著基因編輯、人工器官、神經強化、智慧植入等生物與技術融合領域的迅速推進，人類正站在一個可能超越自身自然限制的轉捩點——一個既被渴望，也被深切懼怕的「新人類」時代。

這樣的發展激起了兩種極端態度：一方視其為進化的延續與文明的解放，另一方則將其視為人類本質的解構與滅絕的前奏。科技不再僅是延伸工具，而成為重塑生命、改寫基因、操控意識的力量。當我們開始編輯演化、修改身體、延伸壽命，人類是否仍是我們所理解的「人」？還是正走向自我篡改、自我超越，甚至自我淘汰的命運？

本章將深入探討基因與神經技術如何推動「後人類」的形構，分析其帶來的道德模糊性與社會階級問題，並反思「人類中心」是否已在這一預言轉向中悄然解體。

基因重寫與生物身份的再定義

基因編輯技術，尤其是CRISPR-Cas9的普及，象徵著人類對生命密碼掌握的進入性質變化。從糾正先天疾病到提升智力、肌肉發展、抗老化能力，「基因強化」不再僅屬於科幻，而是正逐步進入實驗與臨床應用階段。這種技術若進一步開放民間選擇，勢必會產生階層化的基因優勢階級，甚至可能構成一種「遺傳資本主義」——某些人生來即已被編排於競爭與支配的前列。

在這樣的情境中，「自然」與「人工」的界線將被模糊。病與非病、正常與異常、原生與強化，這些本用於界定醫療與倫理的基本分類，在後人類技術下顯得難以為繼。當人類可選擇性編輯自身，**是否還有資格談論「平等」或「天賦尊嚴」？**

這類問題的倫理張力不僅存在於技術前沿，也已潛藏在教育制度、保險市場與生命價值的基礎設定中。我們可能逐步邁入一個以優化為倫理、以效率為信仰的社會，在那裡，人的價值不再來自內在本質，而是由其可升級性與競爭性決定。

身體增能與意識控制的界線解構

除了基因層面的改寫，神經科學與人工智能的結合亦正在進一步挑戰人的主體性。腦機介面（BCI）、神經植入與人工記憶技術，正快速突破實驗室界限，進入市場應用。神經刺激可以修復癱瘓、改善學習、強化記憶，甚至預測決策傾向。這不再只是幫助，而是一種新型意志的建構。

當人的行為可被調控，感覺可被重寫，思想可被延伸，傳統所理解的「自由意志」將受到前所未有的質疑。未來個體是否仍可主張「我選擇了某事」？抑或選擇本身已被演算法預設？這些問題不僅挑戰法理學，也直擊人文學與神學長久以來所捍衛的自由概念。

更進一步，若人類的意識可數位化、儲存並在虛擬載體中重啟，死亡是否仍具終極意義？而若只有少數人能負擔這類「數位永生」的技術，社會是否將被分為「可延續」與「可替代」的兩類生命？這樣的倫理結構，不再只是差異，而是存在地位的本質性分裂。

自我淘汰的可能：技術演化中的人類邊緣化

當科技不再只是支援人類，而成為人類的接替者，末日的預言將不再指向外在的毀滅，而是內部的自我退出。後人類的終極命題，並非只是「人將變成什麼」，而是「人是否還有存在的必要」。

人工智能的自主決策能力、生化強化的身體耐性、虛擬意識的資料永續性，皆有可能在效率與功能的層面超越原始人類，並逐步取代人類在各個領域的中心地位。語言、藝術、記憶、戰略、設計、照護，這些曾被認為是「專屬人類」的能力，如今已被機器學習模擬甚至優化。

這構成一種前所未有的「進化替代」模型——不再由自然選擇決定物種命運，而是人類自身設計出一個更符合生存條件的「繼任者」。若這一模型成形，所謂的人類「未來」，將不再以人為主體，而是以人為歷史。

這樣的情境被部分學者形容為「文明的分娩期」——人類不是走向毀滅，而是完成其功能後退出歷史舞台，將世界交給由自身所創造、卻不再受其控制的新型智慧體。這種論述聽來似乎浪漫，但其背後卻隱藏著深層的存在焦慮與倫理真空：**如果人類的終極貢獻是製造出不再需要人類的世界，那麼「人」這個概念本身是否早已失效？**

我們是否仍有資格定義未來？

後人類時代的預言，並不總以末日之名現身，但它所隱含的意義可能比任何形式的毀滅更為根本。它質疑「人是什麼」、重新定義「生存為何重要」、顛覆「死亡作為結束」的敘事，並逼迫我們思考，在一切可被升級與操控的未來之中，是否還有任何不可替代的價值。

我們是否能在這樣的技術衝擊中重建倫理的底線？我們是否能在演化邊界被重寫時，仍為人類自身保留位置？這些問題，無法由科學回答，亦難由哲學獨力承擔。但它們或許是我們在面對後人類時代所能提出的最重要提問。

而在這樣的預言之後，我們或許也該開始承認：末日未必是世界終結的劇變場景，它也可能是人類靜靜讓出主導權時，那一瞬間沉默無聲的退出姿態。

13

宇宙中的外部威脅

當我們將末日的視角從地球延伸至宇宙，那些超越人類尺度的力量便浮現為更深層的恐懼來源。相較於氣候變遷、戰爭或經濟崩潰這類人為或結構性災難，宇宙中的末日圖景並不涉及人類意志，也無需預兆。它們可能是一場無法預測的隕石撞擊、一個吞噬星系的黑洞、一場來自地外文明的意志碰撞，又或者是一種從未發現、卻注定終結一切的自然定律。

這些末日構想看似遙遠，卻始終在科學研究與哲學討論中持續浮現。它們提醒我們，地球的安穩或許只是宇宙浩瀚背景中的偶然事件，而人類文明所謂的「歷史」可能僅是無數短暫文明之一的記錄殘片。

本章將概述當代天文物理與宇宙學對外部末日風險的主要預測，並進一步探討「大過濾器理論」如何顛覆我們對文明延續的信念。在這些終極尺度的威脅面前，我們將不得不重新思考：「末日」是否其實從未離開，只是我們尚未有能力感知。

隕石、伽瑪射線與黑洞：科學可見的終結風景

最為人熟知的宇宙威脅，莫過於小行星或彗星撞擊地球。歷史上，最著名的一次撞擊事件即為距今約6600萬年前的白堊紀滅絕，當時一顆直徑10公里的隕石撞擊尤卡坦半島，引發全球氣候劇變，最終導致恐龍與其他75%物種滅絕。這場事件提醒我們，即使沒有戰爭與污染，宇宙本身也具有隨時終結生命的力量。

今日，NASA與各國太空總署持續監測「近地天體」（Near-Earth Objects, NEOs），並建立防禦機制如動能攔截、重力拖曳等計劃。然而，即使最樂觀的估計也承認：目前的技術對大規模撞擊的預防尚處於初級階段。

除隕石之外，伽瑪射線暴（Gamma-Ray Bursts）亦是潛在的高能宇宙威脅。這類射線來自恆星崩塌或中子星合併，若發生於銀河系並直指地球，即可能在幾秒內摧毀地球大氣層，導致滅絕性輻射暴露。這種事件的發生無法預警，且無任何現存技術能夠防範。

至於黑洞——這個物理與哲學的雙重寓言——則更多作為一種「極限末日」的象徵。無論是由恆星崩塌形成的恆星級黑洞，或位於銀河中心的超大質量黑洞，它們皆以超越時空的引力特性存在。即便科學顯示，地球附近不存在威脅性的黑洞，但這些天體的存在本身，即代表著自然界中某種無視人類尺度與意志的終極機制。

在這些自然現象面前，人類無力控制、無從參與，只能以科學模擬與想像書寫自己的渺小。

大過濾器理論：為何宇宙寂靜？

在宇宙末日論中，最富哲學意涵的或許不是災難事件本身，而是那個始終未曾得到解答的問題：**如果宇宙這般廣闊、星系這般眾多，為何我們至今仍未與任何智慧生命相遇？**

這個問題即為「費米悖論」的核心。為解釋這種寂靜，天文學家與未來學家提出「大過濾器理論」（The Great Filter）。此理論假設，在從原始生命到高智慧文明的進化過程中，必定存在一道極為困難的障礙——大多數文明在抵達太空擴張與長期延續的階段之前，便已毀滅。

這道「過濾器」可能是早期生命不易出現，也可能是某種普遍的自我毀滅模式（如生態崩潰、核戰、技術暴走），更可能是人類尚未知曉的物理定律或宇宙規模災難。若大過濾器位於我們身後，人類的出現即為極度稀有的幸運；若它位於前方，我們正步向不可避免的終結。

大過濾器理論不是災難預測，而是對「生存機率」的深層懷疑。它將末日預言從時間性的敘事轉為統計性的沉思——我們不是看見末日的影子，而是發現自己可能只是無數消失文明中的下個例子。

宿命與機率之間：當預言無法參與

與其他災難預言不同，宇宙型末日最大的特性是**不可干預性**。無論是黑洞來襲、射線暴發，或是大過濾器的邏輯，我們都無從預測其何時來臨、如何發生，甚至無法確認其是否正在發生中。

這使得「宇宙末日」成為一種帶有形上學色彩的思維模型，它不指向具體行動，而是改變我們對自身位置的理解。若整個宇宙的沉默不是因為智慧生命稀少，而是因為每一個文明都在接近某種無法跨越的終點，那麼，我們是否仍能以進步的語言描繪未來？

在這樣的框架下，末日不再是情節，而是一種概率結構的命運。我們不再是被啟示的主體，而是等待審判的統計樣本。預言，從此不再是一種語言行為，而是一場宇宙不語中的沉默排列。

寂靜宇宙中的意義回聲

宇宙中的末日預言，與其說是毀滅的預示，不如說是**人類自我意義的**

極限試煉。當我們面對那些無法回應、無法抗拒的力量，末日預言從具體行動指南轉化為哲學反思的容器。

我們開始質疑：我們所謂的文明是否真的重要？在銀河的尺度上，一個物種的存續是否有任何值得紀錄的價值？而我們所謂的未來，是否只是基於短暫生命經驗的一種自我安慰？

在宇宙尺度的末日敘事中，人類無從掌控，但正因如此，這類預言或許反而讓我們重新認識什麼是真正值得珍惜的。若我們可能是極罕見的、尚未被過濾掉的文明，那麼，文明的延續與尊嚴不再只是歷史或國族的責任，而是宇宙尺度下的一種倫理使命。

這一使命，也許正是對「末日」最深沉的回應：在一個冷漠、沉默且無盡的宇宙中，**選擇活著、選擇理解、選擇創造，是人類僅存的意義抵抗。**

14

宗教與神秘學的未來預言

在一個科學主導、理性崇尚的現代社會，末日預言理應逐漸退出公共討論的核心。然而，事實卻恰恰相反。隨著科技加速、秩序鬆動與未來不確定性升高，宗教與神秘學所承載的「超理性敘事」不但未曾退場，反而在不同形式中再次興起。現代人對靈性、直覺、宇宙能量與命定感的追求，構成了當代末日預言最柔性、卻也最深層的文化場域。

從新世紀運動（New Age Movement）到現代巫術社群，從網路靈性導師到數位占卜系統，宗教與神秘學在當代表現不再是主流宗教的延伸或反動，而是一種**高度流動、個人化、跨領域的信仰實踐**。其中，末日敘事往往以宇宙能量轉換、靈性轉生、維度提升或「地球清洗」等意象出現，與科技恐懼、自然災變乃至人工智能風險構成奇異的融合。

本章將從新興宗教與靈性社群中的末日圖像出發，探討當代表達如何將古老的預言語言與現代危機語境重新接合，並深入分析占星、塔羅與靈擺等象徵系統如何介入人類命運的再書寫之中。最終，我們將探問一個哲學性的問題：**當科技預言無法安撫靈魂，神秘學是否成為了人類最後的慰藉？**

新興宗教與靈性運動中的「末日重塑」

在20世紀末以降，新興宗教與靈性實踐開始出現去教義化與泛文化化的傾向。傳統宗教的啟示與懲罰語言，逐步讓位於「宇宙意識」、「振動頻率」、「靈魂覺醒」等柔性概念。這些概念不再強調「天命審判」，而是傾向於描繪一場意識進化的過渡期，其中末日不被視為終結，而是一種「靈性升階」或「維度切換」的契機。

舉例而言，許多新世紀信仰社群將2012年視為「第三密度向第四密度轉化」的關鍵節點，將災難理解為宇宙能量的排毒作用，並強調只有振頻足夠高的靈魂才能「存活於新地球」。這類觀點延續了古老的啟示性宗教傳統，但去除了上帝主權與道德審判的結構，轉而建構出一種自我實現式的宇宙末日模型。

在這樣的語境中，末日不再是懲罰或懲戒，而是一種選擇——你是否選擇覺醒、選擇轉化、選擇與宇宙對齊。這種末日論述高度個體化、去機構化，卻正因如此在現代人面對失控現實時提供了具療癒性的意義出口。

占星、塔羅與靈擺：象徵系統的末日語法

在神秘學的實踐中，占星術是最具預言性與時間結構感的系統之一。古典占星中即以行星運行與星座位置預示個體與集體的命運走向。當代占星師經常以「冥王星入水瓶」「土冥合相」「天王星逆行」等象徵性語彙，解釋全球性的社會動盪與制度崩解。

這類預言形式不強調確定的災難場景，而是以宇宙結構的象徵秩序來指認一種「時代能量」的轉換。例如，2020年土木合相被視為「物質紀元的終結」，象徵舊有資本結構與政治邏輯的瓦解；而2024年冥王星正式進入水瓶，則被形容為「科技革命與人類集體意識重啟」的起點。

塔羅牌則以圖像與直覺進行象徵解讀。末日意象常集中於「塔牌」「死神」「審判」等大阿爾克那牌面，它們象徵急遽轉變、無法回頭的命運推動，以及靈魂的清算與重生。與宗教式預言不同，塔羅不預設未來為定數，而是揭示潛能與路徑的分岔點，使人得以面對當前的「破壞性機會」。

靈擺與能量療癒工具則多強調與「高維存有」「地球磁場」的連結。當代許多靈性實踐者使用靈擺測試能量場是否平衡，以此作為個人是否能在宇宙轉變中「穩住波動」的指標。雖然缺乏可驗證性，這類實踐卻建立起一套象徵邏輯，**使個體在無序世界中仍能感受到某種訊息流與回應感。**

這些神祕系統所提供的並非線性預言，而是一種符碼化、意識化的未來語言。它們使未來的不可知性得以被閱讀，使末日的不可控性得以被象徵化地回應。

當神祕學遇上科技：信仰與控制的反身性

耐人尋味的是，當科技愈來愈深入生活，神祕學並未退場，反而以另一種形式與科技發生結盟。人工智慧塔羅應用程式、占星API介面、虛擬通靈服務、數據化的靈魂頻率測量工具等，正顯示**神秘學不再只是反科技的浪漫遺產，而是正進入科技體系本身。**

這類融合在形式上顯得諷刺，卻在實質上揭示一個重要命題：人類不只是尋求對未來的知識，更渴望對未來的不確定性進行意義賦予。當科學語言無法提供慰藉，當政治語言無法傳達希望，神祕語言所承載的象徵感與轉化能量，便成為一種精神自我修復的管道。

在這樣的條件下，末日預言的語境再次被翻轉——它不再是對崩壞的預示，而是對重生的召喚；不再是威脅，而是一種靈性再生的觸媒。科技強化了對未來的知識掌握，但神祕學保留了未來的神聖性與開放性。這兩者的交會，不是矛盾，而是一種雙重語言的共生。

預言的回歸與轉向

宗教與神祕學在當代表現出的末日敘事，不應簡化為迷信或逃避。它們所提供的，其實是對技術時代「知識—控制」邏輯的一種補足與抗衡。當人類在面對複雜系統與全球災難時感到無力，這些古老而更新中的預言語言，重新提供了秩序的幻象與行動的意義框架。

末日在此不再是結束的代名詞，而是一場通往新秩序的「靈性危機」。在混亂之中，象徵成為唯一的穩定；在科技無解之處，神祕學為我們保留了對未定命運的感知能力。

若說本書所描繪的預言世界是一場文明如何面對自身終結的旅程，那麼本章的預言則屬於最柔軟、最無法驗證、卻也最持久的一類。它們並不告訴我們世界將於何時終結，而是反問我們：在這個世界尚未終結之前，我們是否仍願意相信一種更深層的存在感與召喚感？

這或許是預言最根本的形式——不是知識的確認，而是意志的提出；不是觀測的行為，而是一種活著的姿態。

15

我所看見的未來

我曾無數次在夜深時刻問自己：如果世界真的會終結，它會以什麼形式到來？是洪水、烈焰，還是一聲無聲的斷裂？

但比末日更令人不安的，是那種逐漸失語的未來——它不再以驚天動地的方式崩壞，而是悄無聲息地，被一點一點拆解：語言變得無用，情感變得機械，人與人之間，只剩演算法推送的殘響。

我看見的未來，並不如預言中那般壯烈，而是日常中，一點點讓人失去感覺的削弱。

未來，不會一次到來

許多災難敘事都有一個習慣：把世界終結當作一個清晰的時刻，一聲巨響，然後一切結束。但我所看見的未來，更像是一場緩慢的麻醉。

街道仍然熱鬧，商店仍有貨架，劇集一集接一集更新，人們仍然微笑、戀愛、消費，但在這一切之下，是某種無法回頭的斷裂正在悄悄成形：

語言不再能表達內在。

教育變成標準化模板。

新聞只剩觸發情緒的標題。

連「災難」本身，也變成某種可以被娛樂化的內容格式。

未來或許不是爆炸，而是日復一日的空洞感侵蝕而成的失真。

那些留下來的，是選擇還是放棄？

我看見了一種新的人類形態，他們不再尋求真理，而尋求效率；不再爭辯善惡，而爭論「哪個模型表現更準」。

在這樣的未來，意識變成數據，死亡被轉譯為「服務終止」，而情感被設計成可調節的參數。

有人選擇離線，築起數位之外的小群島；也有人投身機器，期待意識上傳的永生。但更多的人，什麼也不選。他們只是默默滑過一個又一個推播，讓生活流逝在演算法最舒服的曲線中。

他們不是壞人，只是太累了，太習慣於被安排的未來。

我們還能留下什麼？

在那樣的未來，我不再確定什麼是真實。但我仍相信，有些東西是無法被計算與複製的。

我相信，某些故事，仍值得說。

我相信，一個人握住另一個人的手，在無光的未來裡行走，也是一種抵抗。

我相信，有些聲音，雖然微弱，卻能穿越預言，告訴我們：我們仍有選擇。

預言不是關於未來，而是關於我們如何活在當下

這一章不是一則預言，也不是科學推論。它只是我在這個動盪時代的凝視與猜想。

未來或許會崩潰，也可能會重生，但無論哪種版本，最關鍵的，從來不是「末日是否會來」，而是——當它尚未到來時，我們如何活著？

我們如何選擇說話、愛人、保留某些無用卻真實的東西。

因為在所有未來中，真正決定世界面貌的，從來不是預言本身，而是選擇相信與不信的我們。

第 3 部

末日中的人性回聲

16 恐懼的社會學：集體情緒如何形塑末日意識

在人類文明的長河中，災難從未只是自然現象或歷史意外，它們總是與集體情緒密切相連，並在文化中被不斷重複、加工與再製。無論是洪水、瘟疫、戰爭，抑或科技失控、環境崩壞，這些末日景象之所以能持續存在於不同世代的想像中，並不只是因為它們「可能發生」，更因為它們深刻反映了一種被共享的恐懼、焦慮與無力感。

在現代社會中，恐懼早已不再只是生理反應或個體情緒，而是一種可被操控、放大與再分配的社會資源與治理技術。它可以形塑意識、動員大眾、合法化控制，甚至轉化為市場需求。末日預言，作為恐懼的敘事形式，常常扮演著動員、警告與排除的角色——而這一切，都在集體情緒的波動之中展開。

本章將從社會學與政治心理學的角度，分析恐懼如何運作於末日敘事之中。從歷史上的群眾恐慌到當代媒體災難操作，再到宗教、極權與陰謀論如何以恐懼為語言進行集體操控，我們將逐步揭示：「末日感」從來不是預知未來，而是當下情緒的投射與秩序重組的工具。

恐懼的結構：從個人反應到集體建構

恐懼本是一種保護機制，是生物面對威脅時的原始本能。但在現代社會中，恐懼已成為被社會化的情緒，它不僅存在於個體心中，更在媒體、教育、宗教與政治語言中被制度性地安排。

社會學家烏爾里希·貝克（Ulrich Beck）指出，風險社會中的人們不再僅僅恐懼災難本身，而是恐懼那些無法掌握的未來可能性。這種恐懼來自於資訊過剩、系統複雜化與控制失效，因而轉化為一種「想像性的末日感」：即便危機尚未到來，人們已在心理上進入備戰狀態。

這種集體情緒一旦被啟動，便會催生出一種「災難語言」：日常新聞開始使用緊急術語，流行文化充斥末日畫面，社群媒體放大焦慮情緒。恐懼因此不再是結果，而是被主動召喚的社會能量。

媒體與災難感的擴散機制

現代媒體是恐懼生成與擴散的最主要平台。新聞報導傾向突顯災難性事件的破壞力，影片與圖像則不斷重複強化情緒記憶，使得災難即便尚未發生，也早已在心理層面造成「預先創傷」。

這類操作並非完全惡意，它回應了觀眾對「即時資訊」與「控制幻覺」的需求。然而，當災難語言不斷過量輸出，社會將進入一種慢性焦慮狀態，進而出現「末日常態化」的現象：人們不再驚訝於危機，而是在危機中尋找認同與秩序。

例如，COVID-19疫情期間，全球媒體即在每日確診、死亡、封鎖等數據中建構出一種前所未有的「災難時間感」，讓整個世界同步進入類似戰時的情緒場域。而在這樣的情境中，對末日的想像不再是幻想，而是一種「預期中的日常」。

權力與恐懼：災難語言的政治使用

恐懼的集體化同時也是一種治理技術。歷史上，不乏政權透過製造末日感以合法化極端措施：法西斯主義以「民族滅絕」為災難圖像，宗教政權以「審判日」為操控機制，冷戰時期以「核末日」製造國家安全的緊張感。

在這樣的語境中，末日不再只是未來的想像，而成為當下統治的正當性來源。政治語言轉而操作「危機——拯救」的敘事模式：我們處於災難邊緣，因此需要服從、犧牲與集體行動。這種語言邏輯至今仍在各種極端政治與陰謀論中反覆出現，成為民粹與排外主義的重要武器。

從另一個角度來看，這也反映出人們在面對不確定性時，傾向尋求簡化的世界觀與可辨認的敵人。末日敘事在這裡不只是恐嚇，更是一種「情緒秩序」的重建工程。

恐懼與末日預言的心理功能

雖然恐懼常被視為負面情緒，但它在末日敘事中的作用也可能具有某種正面機能。心理學家指出，人們對災難的關注不僅來自逃避本能，也來自一種「結構化焦慮」的需求：災難敘事提供了混亂中的意義，讓人們得以將不確定性轉化為可理解的模式。

從這個角度看，末日預言的存在本身就是一種「心理抗震系統」。它們未必真的預測未來，但提供了一種框架，使人們可以在不可控的現實中重建主觀秩序。

在某些情境中，末日預言甚至成為啟動行動的催化劑。無論是環保運動、社會抗爭，還是信仰重建，許多公共行動都是在「若不做某事，將迎來災難」的語言基礎上展開。末日因此不再是終點，而是行動的起點。

當末日是情緒，而非事件

本章所揭示的，不是災難如何發生，而是災難感如何生成。末日預言從來不只是一種對未來的知識，而是一種**關於當下的情緒語言**。它透過恐懼塑造現實、調整集體反應，並為秩序的重建提供正當性。

理解這一點，是我們進入後續各章討論的關鍵：在末日真正來臨之前，它早已存在於我們的文化話語與心理結構之中。它不是單一事件的開端，而是一種隱性長存的文明姿態。

而在這樣的情緒中，我們要問的或許不是「末日會不會發生」，而是：「我們是否已經活在預言之中，只是尚未命名它？」

17

孤獨與連結：末日敘事中的情感場景

如果說災難敘事經常圍繞毀滅與倖存的結構，那麼其中真正讓人停駐並共鳴的，往往不是廢墟的壯闊畫面，而是廢墟之中彼此依附、相守、告別的瞬間。在各類末日作品中，無論是影像、小說還是劇場，情感的殘留與重構常常成為人類面對終結時最後也是最有力的抵抗形式。

末日，從來不只是自然或技術的斷裂，也是一場關係的試煉。它使我們回到最根本的提問：當世界逐漸崩壞，什麼值得我們捨不得？當未來變得不可預期，誰還與我們一同等待？

本章將分析末日敘事中常見的「情感場景」——親密關係、群體合作、孤獨旅程、道別書信等，並從心理學與文學敘事的角度討論人類如何在終結之中尋找依戀、記憶與互助的可能。這些情感表現不僅為末日語言注入溫度，也在某種層次上，重新定義了什麼是「人性」。

親密關係的焦點化：災難中的「兩人世界」

許多末日故事選擇以「一對戀人」「一組父女」「兩名兄弟」作為敘事核心。當群體瓦解、社會失序時，這種微型關係被放大為整體文明的縮影。它們成為人類在無邊恐懼中唯一可依靠的秩序。

如《The Road（末日之路）》中，父子兩人穿越焦土，唯一的希望並非安全的終點，而是彼此尚未放棄的關係；又如《Children of Men（人類之子）》裡，文明崩潰後對一位懷孕女子的保護，象徵著對未來與關係的最後承諾。

這些故事讓人理解，末日不會使人放棄愛，反而讓愛變得更加執著與必要。親密關係不只是情感依賴，更是心理防線與存在證明——當整個世界無法認可我們的存在，一個他者的眼神仍可使我們確知自身尚未消失。

孤獨旅程與生存的靜默敘事

相對於關係型敘事，末日題材也常出現「孤身一人」的生存者。他們或走在荒城中，或與動物為伴，或自語於錄音機、手札、影像記錄。這些形象看似寂寞，實則探討更深的哲學問題——當他者消失，人仍是否值得活下去？

《I Am Legend》、《Into the Forest》、《Oblivion》等作品中，孤獨不再是短暫狀態，而是文明消失後的生存常態。這樣的敘事形態強調一種極端的內在對話，人在末日中不只是對抗自然，更是與自我重構關係。

此類故事常以回憶作為核心敘事策略：日記、錄音、遺物、聲音，成為與失落世界之間僅存的聯繫。這說明，即使在完全孤絕的情境中，人仍會努力維持與世界的「情感迴路」——哪怕只是對過去的憑弔，也是一種連結的形式。

災難群體與倫理共生的重構

除了親密與孤獨，末日故事亦經常描繪陌生人組成的生存團體。他們背景不同、價值衝突，卻被迫在災後社會中共存。在這些情境中，人類的「倫理重組」開始展現。

如《The Walking Dead（陰屍路）》裡，一群倖存者在喪屍世界中不斷尋找信任與背叛的界線；又如《Station Eleven》中，在瘟疫摧毀社會後，巡迴劇團成為文明殘留的象徵。這些敘事反映出一個關鍵命題：災難或許打破體制，但人始終渴望建構新的秩序。

情感在這些故事中轉變為合作、互助、妥協與保護的表現。它不再只是戀人間的私密語言，而是公共生活重建的潛能。災後社會的第一步，往往不是制度的重整，而是情感倫理的回復。

道別、紀錄與情緒遺產

末日作品中另一常見的情感表現，是「寫給不在的人」：告別信、遺言錄音、照片日誌、記憶瓶。這些象徵儀式並無實際用途，卻具有高度情感價值。它們是對消失關係的致意，也是一種生存者對「意義」的最後召喚。

《Interstellar（星際效應）》中，父親對女兒的訊息穿越時間與重力，成為整部電影的情感核心；《The Leftovers》中，失去親人的人藉由錄音、繪畫、空椅子儀式處理哀傷，證明「愛」即使無人回應，依然有效。

這些書寫與記憶的實踐，不只是回顧過去，更是通往未來的情緒橋樑。人類不是因為失去了所有而感到痛苦，而是因為有些人曾與自己分享過世界，現在只能在記憶中再次重逢。情感成為災難過後最具存續力的遺產。

在終結中相愛，在崩潰中連結

末日敘事之所以打動人心，從來不只是因為它逼近現實，而是因為它讓我們看見：即使世界正在瓦解，人類仍在努力相愛、依附、保護與理解。

情感在末日中不只是安慰，它是一種秩序重組的能量，是對生命價值的確認方式。在親密、孤獨、合作與道別之間，人類重新定義什麼值得生，什麼值得記得。

或許最終，末日預言並不只是對未來的警告，而是對現在的提問：**當一切看似無法挽回時，我們還選擇牽誰的手，說什麼話，記得誰的名字？**

18 倖存與救贖：誰有資格活下來？

每當末日來臨，敘事中的一個核心問題便是：「誰會活下來？」這個問題看似是命運或隨機事件的結果，實則往往內含著一整套倫理判準與文化預設。災難並不平等，而「倖存者」的誕生亦不只是偶然，更是權力、價值與制度選擇的產物。

在各類災難敘事中，我們經常見到這樣的場景：有限的庇護所、緊急撤離的名單、可登艦逃離的資格、冷凍倖存艙中的人選。這些抉擇常以「科學家」、「孕婦」、「軍人」、「領袖」、「兒童」等特定身份出現，反映出文明在面對崩潰時，如何內部建構一套誰「值得」延續的道德邏輯。

本章將深入分析末日敘事中的「倖存者邏輯」，從文化、政治與倫理的角度探討「活下去」這個看似自然的行為，實則如何被制度化、階級化與選擇化。我們將看見：災難不只是自然的挑戰，更是一場隱喻深遠的價值分配試煉。

災難選擇題：誰被救？誰被放棄？

在大多數末日作品中，「可逃離」的空間永遠不足，而「可倖存」的人數總是有限。這樣的情境設計迫使角色與觀眾同時面對一個難題：如果只能救十個人，你會選誰？

這種選擇並非全然虛構，它也映射著現實中災難資源的分配模式。疫苗誰先打？避難車誰先上？物資如何配給？在戰爭、飢荒、地震與瘟疫等真實情境中，我們一次又一次重演著這種極端決策場景。

這些抉擇的背後往往蘊藏深層價值判斷——「有用者」優先（如醫療專業人士）、象徵未來者優先（如兒童）、弱勢者優先（如老人、孕婦），或反過來——「強壯者」優先，「能自保者」先行。「公平」與「效率」、

「倫理」與「實用」之間的矛盾，構成末日敘事中最難以解答的張力核心。

誰值得延續？文化偏見下的倖存標準

值得注意的是，末日敘事中「被選中」的人，往往也反映出某種文化偏見與主流價值的再生產。例如，美國Hollywood災難片中常由白人男性工程師或科學家帶領團隊倖存，亞洲角色則常為配角或犧牲者；女性角色多為照顧者、情感支撐者，或象徵性的新生命承載者。

這些設定透露出一種深層假設：誰有「文明的功能」，誰才有資格延續；誰符合主流敘事的「英雄性」，誰才能代表人類的未來。這些文化預設經常不自覺地滲透在末日文本之中，構成一套「可見與不可見的生存門檻」。

以《2012》為例，末日方舟中的倖存者名單最初是以財富購買與政治身份決定；在《Elysium》或《Snowpiercer》中，更直接將資源與生存的分配與社會階級連結。這些作品提醒我們：「倖存」本身也是一種特權，並非純粹的生理條件或個人選擇所能決定。

救贖與自我犧牲：誰選擇不活？

與此同時，末日敘事也經常安排一類角色——那些**選擇不活下去的人**。他們可能是為了保護他人、贖罪、或因無法承擔未來世界的樣貌而選擇退出。這類角色，儘管最終不倖存，卻往往擁有最強烈的道德光環。

在《The Mist（迷霧驚魂）》中，男主角誤以為末日無解而殺死家人後自己倖存，構成極端的倫理悖論；在《Interstellar》中，曼恩博士因恐懼孤獨而背叛，反襯庫柏選擇犧牲的崇高。在這些故事中，「活下去」與「值得活下去」成為兩個完全不同的問題。

救贖因此也成為倖存邏輯中的倫理支線——不是所有人都要留下，也不是所有離去的人都失敗。有時，離開反而是一種最後的責任感或信念實踐。

生存不只是生命的延續，而是價值的重組

倖存的意義，不止於繼續呼吸，更在於「要延續什麼」。在末日敘事中，當文明瓦解，存活下來的不只是人，還有一套被選擇保留的價值系統。

有些作品選擇保留技術與知識，如《Book of Eli》中主角為拯救一本聖經而穿越荒地；有些作品強調倫理與信念的承傳，如《Children of Men》中保護孕婦的行動不只是為了種族延續，更是為了證明人類尚未失去同理心與保護弱者的能力。

這些敘事共同指出：真正的「人類延續」不是生物學意義上的種存，而是文明意志的再創造。誰活下來，不只是生理現象，而是一場價值與意志的選拔。

我們所選擇拯救的，其實是我們自己

在末日預言與災難敘事中，倖存者的命運並非命定，而是被不斷建構與挑戰的角色。他們所代表的，是我們這個社會如何看待「價值」、「資

格」與「未來」的投射方式。

當我們問「誰有資格活下來？」的時候，真正問的往往是：「在一個接近終結的世界裡，我們還認為什麼值得留下？」我們拯救的不只是生命，而是信念；我們選擇留下的不只是人，而是自己對文明本質的最後回答。

因此，這一章的核心不在於死亡與生存的對立，而在於**人類是否仍有勇氣選擇活出某種意義，而不只是延續某種形式**。這或許，才是倖存之後，真正的救贖。

19

烏托邦或反烏托邦：後末日政治的想像模型

災難降臨之後，世界是否有機會重來一次？這個問題貫穿無數末日敘事的後半段。當舊制度崩毀，城市成為廢墟，科技停擺、法治消散，一個新的世界觀與統治秩序隨之浮現。而這個「後末日世界」，往往不是一張白紙，更常是烏托邦與反烏托邦交纏而生的權力場。

人類一旦失去原有秩序，便本能地尋求新的架構。這種重建的慾望，既來自生存的需要，也來自集體對「更好世界」的想像。然而，歷史與小說都不斷提醒我們：所謂的重建，很可能只是暴力與壓迫的再生產。

本章將從災後社會的政治重組出發，分析烏托邦與反烏托邦兩種思潮如何在末日敘事中發展，並探討它們背後對秩序、自由與人性的基本立場。我們也將觸及一個根本問題：在一切重建的名義下，人類究竟是在走向解放，還是在以「救贖」之名重演統治？

烏托邦的召喚：重啟世界的政治幻想

自古以來，烏托邦想像即與災難密切相關。在毀滅之後，正是推翻舊有不公、建立理想社會的契機。《亞特蘭提斯》《新耶路撒冷》《桃花源記》皆是在文明衰敗或戰亂之後，對和諧世界的一次重構。

末日作品延續這一脈絡，許多敘事以倖存者建立新社群為主軸，強調合作、分享、環境永續與去資本主義等價值。這些作品中的「新世界」不再追求科技主導，而是返回土地、社群與心靈層次的連結。

例如《WALL·E》中地球被垃圾吞沒後，倖存者回歸耕作；《Into the Forest》裡兩姐妹在斷電社會中找回與自然的關係；更進一步的如《Solarpunk》流派，直接以末日後的「綠能社群烏托邦」作為敘事核心。

這類作品傳達一個關鍵訊息：毀滅未必是結束，也可能是解放的開始。只是，在這些烏托邦想像中，對權力的處理往往被理想化，制度建構被淡化，反而掩蓋了真正的政治問題。

反烏托邦的暴露：拯救之名的統治機器

與烏托邦相對的，是反烏托邦（Dystopia）的政治批判。在這類作品中，後末日社會往往表面穩定、秩序井然，卻以極權、控制與恐懼為代價。這些敘事不談希望，而以陰影中的制度重構揭示人性之惡與集體失敗的循環。

《The Hunger Games》中的分區制度、《Snowpiercer》的列車階級、《The Handmaid's Tale》的神權性奴制、《1984》的思想審查體系，皆揭示末日後的「新秩序」實則只是舊權力以新話語重生。這些體系強調「存活」勝於「自由」，以災難為理由剝奪人民的選擇權。

這些作品共同指向一個主題：**災難不只帶來重建的機會，也提供統治者無限延展權力的藉口**。當人們為了安全與穩定讓渡自由，統治便以

「照顧」、「拯救」為名，建立不容質疑的新秩序。

反烏托邦敘事最終不是否定重建，而是提醒我們：不是所有的「重來」都會變得更好。關鍵在於：這個「新世界」的核心價值，是人，還是秩序本身？

政治重構的情感基礎：恐懼與希望的博弈

烏托邦與反烏托邦之間的選擇，從來不是理性推論，而是集體情緒的產物。恐懼促成秩序，希望推動變革。這種情緒張力在災難後被推到極致：人們既害怕混亂，又渴望新生；既討厭舊制度，卻又依賴熟悉的控制機制。

政治制度的形成因此往往不是透過理性共識，而是在「安全與自由」、「效率與正義」之間搖擺妥協。這種張力也正是後末日作品最具戲劇性的地方：人類一次又一次重建制度，但從未能真正解決「如何共存」這個古老問題。

這也說明了，真正的末日不只是災難本身，而是人類如何一次次在歷史轉折點選擇同一條暴力與支配的路徑。

後末日的真正課題：政治想像力的限制

或許，我們對「後末日政治」最大的困難，不在於技術或資源，而在於想像力的貧乏。在許多敘事中，即使給予重建機會，倖存者最終仍複製了舊有結構：等級、國族、武力與貨幣再度浮現，無人質疑其正當性。

這暴露出一種深層困境：我們渴望重啟世界，卻無法真正想像另一種世界。甚至烏托邦的圖像，也往往只是將現代社會的理想主張過度放大、形式化，最終仍以壓抑差異與強化集體為代價。

因此，末日後真正的政治課題，並非「誰來統治」，而是「我們是否能跳脫統治的語言本身」。是否可能想像一種不以恐懼維穩、不以生存交換自由的制度形式？在這層意義上，後末日政治其實是一場關於人類政治想像力的試煉。

末日不只是終點，也是秩序的問號

當我們凝視末日，不僅是在想像毀滅，也是在詢問：如果有機會重來，我們會做得更好嗎？烏托邦與反烏托邦的敘事對峙，既是希望與警告的交纏，也是在不斷測試我們對政治與共存的理解。

真正值得反思的或許不是「末日來了怎麼辦」，而是：我們是否已習慣了那種只會在災難後才願意改變的社會節奏？我們是否總要等到一切崩解，才敢重新書寫規則？

當你讀完這一章，或許該問的不是「世界重來了怎麼選總統」，而是：「我們還有能力想像，不靠統治也能共存的社會嗎？」

20

災難倫理學：在極限處境中如何做決定？

災難從來不只是一場物理性的毀壞，更是一場倫理的地震。當人類社會失去秩序保障、資源匱乏、制度崩解，個人與群體所面對的決策不再是日常道德能輕易解答的問題，而是步步逼近道德灰區的極限試煉。在這些情境中，人要如何做出選擇？當每一個選項都會帶來損失與痛苦，我們如何界定對錯？

本章將以「災難倫理」作為核心概念，探討人類在極限環境下的行為選擇與道德判準。從哲學理論出發，結合文學與影視中的災難場景，我們將逐步展開一個關鍵問題：**文明的價值，在絕境中是否仍有可能堅持**？

倫理的崩解或堅守？災難情境中的兩難命題

在常規社會中，道德規範是穩定的，它們透過法律、教育、文化內化於人心。但在災難場景中，這些結構往往瞬間崩解，人們被迫依靠直覺、情感與利益重新做判斷。這時，我們所熟悉的道德語言開始失效，取而代之的是一種「狀況倫理」（situational ethics）：**什麼是對的，取決於情境，而非原則本身**。

典型的災難抉擇問題如：「若有五人被困火海，你只能救出兩人，你選誰？」又或：「是否該犧牲一名無辜者，來換取整個社群的存活？」這類問題不只存在於哲學課堂，而是災難故事中反覆出現的道德核心，如《Sophie's Choice》、《The Impossible》、《Train to Busan》、《The Divide》等。

這些情境揭示了一個基本事實：在極端環境下，道德判準本身變得不再穩定。人類的選擇既是對外界現實的回應，也是對自我價值的重新書寫。

哲學視角：效益主義與義務論的衝突

災難倫理的核心矛盾，經常表現在兩大哲學傳統的對立上：

1. **效益主義**（Utilitarianism）主張應以「最大幸福」為決策標準。在資源有限、生命受威脅的情況下，犧牲少數以保全多數是合理的。例如封鎖城市、切斷醫療配給、限制資訊自由等，都可被理解為效益最大化策略。

2. **義務論**（Deontology）則強調原則與人的尊嚴，不論結果為何，都不能違反道德法則。例如不應為了保全大多數而殺害無辜者、不應違背誠實原則進行欺瞞，即使後果可能較理想。

災難敘事中往往讓角色處於這兩者之間的拉扯。例如《The Dark Knight》中，蝙蝠俠需選擇是保護個人所愛，還是保全整體社會安全；《Contagion》則讓公衛官員面對隱瞞疫情與引發恐慌之間的兩難。這些情境本身沒有標準答案，卻使觀眾不斷思考：我們的道德，是建築在穩定社會條件上的「奢侈品」嗎？

人性的裂縫：極限情境中的倫理解體

當倫理淪為生存競技的一環，道德界線往往因恐懼而崩潰。這在真實歷史與虛構作品中均屢見不鮮。例如在戰爭難民潮、飢荒、屠殺與核災場景中，原本堅守原則的人們常在壓力下做出背離自身信念的選擇。

《Lord of the Flies（蒼蠅王）》即為經典象徵：一群無政府狀態下的孩童，逐步墮入暴力與祭獻的野蠻秩序中。其傳遞的訊息是：沒有結構支撐的人性，可能脆弱得令人絕望。

然而，也有反例出現。許多作品刻畫了即使在最黑暗時刻，仍堅持道德選擇的角色。這些人往往在敘事中被視為「不實際的理想主義者」，但正是這種堅持，使觀者重新相信：**人性可以在災難中保留某種尊嚴的餘光**。

倫理的灰色地帶：選擇是否真的自由？

更進一步的問題是：在災難情境中，人的選擇是否真的自由？是否可以將個人的行為完全視為「責任」？

社會心理學家指出，在高度壓力與恐懼下，人類往往進入「非自我狀態」，行為由本能主導，決策由社會動能驅動。在此背景下，一個人拒絕幫助他人、不願承擔風險、不告知真相，是否仍可用傳統道德審判？

這一點尤其重要，因為災難倫理的目標，不應是尋找完美選項，而是**理解人類如何在極限下維持選擇與責任的可能性**。我們不是要求英雄，而是尋找在崩壞中仍保留一點理性與溫柔的空間。

道德不是答案，而是一種姿態

災難不會等待你思考，也不會給你選擇時間。在那樣的瞬間，人只能在殘酷與不完整中做出決定。然而，正是在這些不完全的決定中，人性才被顯露得最真實。

災難倫理學不提供解答，它要求的是**誠實地面對選擇的痛苦與責任**，即使最終所做之事仍會引來批判與悔恨。因為道德的意義，或許不在於是否成功守住了什麼原則，而在於，即使知道選擇將帶來犧牲與矛盾，我們仍試圖選擇得像一個人。

這樣的「姿態」，或許正是末日中最難堅持，也最值得堅持的事物。

21 記憶與見證：災後敘事的修補功能

在災難過後，倖存從來不只是肉體上的延續。真正艱難的，是如何繼續記得，並有能力說出——那些失去的人、崩毀的地方、痛苦的片段。當文明遭受重擊，歷史斷裂、秩序瓦解，語言與記憶的功能不再理所當然，人們不得不重新學習：如何說話？怎麼紀錄？為誰留下？此刻，「敘事」不再只是表達工具，而是文化延續的最後防線。一個無法言說的社會，也將失去為自身苦難命名與轉化的能力。

本章將從文學、紀錄片、口述歷史與紀念儀式等角度，探討人類如何在災難過後重建記憶，並透過見證行為回應毀滅所帶來的創傷。記憶與見證不僅為過去發聲，更為未來保存意義的可能。

在失語之後：敘事的重啟與語言的重建

大規模災難之後，人們常出現一種無法言說的狀態——語言被創傷堵住，敘事系統瓦解，日常語彙不再足以描述所經歷的情感與現實。這在心理學中被稱為「語言崩潰」的現象，而在文化層面，則反映出整個社會在災難後的敘事危機。

但敘事也往往正是從失語之中誕生。文學作品如《夜》（Elie Wiesel）、《黑雨》（井伏鱒二）、《我是遺民》（吳明益），皆試圖將災難帶來的斷裂轉化為可傳遞的語言。這些作品既不是冷靜的紀錄，也非純然的控訴，它們以破碎語言傳達創傷的深度，以碎片敘事拼湊出一種可承受的歷史。

災後敘事之所以重要，不在於完整或真實，而在於它讓一個受傷的群體能「再次說話」，並透過說話重新確認自己的存在。

見證作為責任：說給未來的人聽

「見證」是一種倫理行為，不僅是回憶，更是一種宣稱：「我看見了，這事發生過。」在歷史的斷層中，見證者不只是記錄者，更是價值守護者。他們為失語者發聲，為未被理解的痛苦提供坐標，為歷史提供延續的可能。

例如二戰後的猶太倖存者見證文學（如Primo Levi、Elie Wiesel）、廣島與長崎原爆記錄、南非真相與和解委員會的口述訪談，皆屬於以見證為核心的文化重建工程。

這些見證不只是歷史補遺，更具有道德訴求——它們在說：「讓我們記住，為了不再重演。」見證因此成為一種未來導向的責任，不只面對災難本身，更面對世代之間的傳遞與交接。

物質的記憶：遺址、遺物與紀念場域

除了文字與語言，記憶也常透過物質存在被保存與激活。災難遺址

（如紐約世貿遺址、福島核電廠封鎖區、南京大屠殺紀念館）、遺物（被燒焦的書本、失事的列車部件、殘存的鞋）與紀念空間，皆成為記憶與情緒交會之處。

這些場域不僅記錄死亡，也重構「集體經歷」的敘述。人們在此處獲得共鳴、哀悼與反思，透過身體的臨場經驗重新建構對歷史的感知與責任。

但紀念也並非中立。哪些記憶被保存？哪些經驗被選擇遺忘？這些問題牽涉到權力分配與政治立場。在某些情況下，紀念甚至成為另一種「歷史編輯」，用以建構特定的國族形象或合法化某種敘事權威。

因此，災後記憶不只是「留下什麼」，更是「怎麼被說」、「為了誰而留」。

私人日記與微觀記憶：個體如何自我修補？

除了國家與社群層次的記憶工程，災後最微小卻也最真實的見證，往往存在於個人書寫與非正式紀錄之中。

日記、錄音、社群貼文、信件與家族影像，這些不起眼的資料正是災難生活的真實剖面。它們捕捉的是未被媒體記錄的痛苦，是家庭、友情、失落與希望的私人敘述。

如日本311大地震後，許多倖存者選擇以部落格、社群紀錄下生活微細片段：如何煮水、如何尋找失聯的親人、如何與孩子談論災後世界。這些文字與聲音，雖不宏大，卻是真正「人類活過的證明」。

而正是這些微觀敘述，為災難中的「日常性」保留了歷史的位置，為生還者保留了尊嚴與自我修復的可能。

歷史可能被摧毀，但記憶不必沉默

災難可以奪走時間、摧毀空間，撕裂社群與制度，但它無法剝奪人類

「敘事的能力」。無論透過文學、遺址、錄音、記號還是靜默的凝視，只要有人願意說，願意聽，歷史便仍有延續的可能。

見證不是要讓悲傷永存，而是讓痛苦有出口、讓錯誤有警醒、讓未來有憑據。這是一種緩慢但堅定的抵抗，一種在災難之後仍願意相信語言、相信記得、相信還能理解的文明行動。

當世界沉沒時，留下來的不是紀律，而是故事。

22

宗教回歸與新靈性復興

在極端的崩解情境中，人類往往會不自覺地回歸最原始的提問：我們為什麼在這裡？這一切是否有其意義？若終結無法避免，那麼誰又在觀看我們的毀滅？這些問題無法被科技完全解釋，也難以用制度修補。於是，宗教與靈性，在這樣的真空中再次浮現，成為一種重新尋求秩序與慰藉的象徵語言。

事實上，每一次末日的逼近，都是一場信仰的測試；而每一次文明的崩塌，也都是宗教語言得以重構的契機。本章所要探討的，正是當末日不再只是未來的假設，而是一種正在發生的情境時，人類如何再次召喚神性，並在集體焦慮之中尋求存在的定位。從歷史宗教的再起，到當代靈性實踐的興盛，我們將嘗試理解，在失序的世界裡，宗教與靈性究竟扮演著什麼角色。

災難與信仰：從未消失的依附關係

宗教從未真正離開人類的歷史舞台。在重大災難發生時，它不僅不會消失，反而往往重新獲得集體的注意力。十四世紀黑死病席捲歐洲期間，大規模的苦修運動與懺悔潮席捲大陸；十九世紀的地震與飢荒之後，教堂重建與群體朝聖也再次成為重要的社會儀式；二十世紀兩次世界大戰之後，宗教不僅成為公共哀悼的容器，更迅速與國族論述交織，成為重建秩序的象徵裝置。

在這些歷史情境中，宗教所承擔的從不只是解釋災難的原因。它提供的，是一種集體情緒的秩序結構。當世界崩解時，神的名字使死亡變得有可理解的邏輯，使恐懼獲得安放的位置，使痛苦不至於只是盲目的受難。在極端破壞之中，人們往往需要相信，有某種更高的意志正在觀看、聆聽、甚至審判這一切。正是這種對「被觀看」與「被理解」的渴望，使得宗教無論在邏輯上是否自洽，情感上始終能穩住人心。

靈性的更新語法：在信仰之外尋找意義

然而，在今日高度世俗化、去中心化的社會中，傳統宗教雖未完全退場，但已不再擁有壟斷性的信仰權威。與此同時，一種更柔性、更個人化的靈性實踐正在興起。這些靈性形式不依賴祭司，不強調教義，不以歷史經典為絕對依歸，它們不設門檻，也不要求隸屬，反而傾向將信仰內化為一種自我修養與宇宙關係的再連結。

人們開始將水晶療癒、能量轉化、聲音共振、占星解讀、集體冥想等行為，視為與宇宙接軌、與自己對話的一種方式。這種靈性形態具有極高的可變性與適應性，它可以與心理學語言並行，與自然療癒結合，甚至與科技介面同步操作。其最重要的特徵，是接受多元宇宙觀與開放式真理，不再強調唯一的神或終極的善惡，而是承認每一個人都可以根據自身處境，建構屬於自己的靈性系統。

在這樣的語境中，靈性不再是宗教的副本，也不是宗教的異端，而是一種完全不同於啟示式信仰的新語法。它所提供的，不是救贖的承諾，而是意義的選擇自由。

災難現場中的信仰行為：自發性與儀式性的再交會

在重大災難發生時，即使是平時不具備宗教信仰的人，也會傾向參與某種形式的集體儀式。這些行為並非來自制度規範，而是源於深層情緒需求與象徵渴望。無論是路邊的蠟燭圈、臨時的紙條祈願、社群媒體上的集體默哀時段，或是對「神蹟存活者」的熱烈轉傳，人們往往透過這些行動，來為災難賦予某種秩序感與心理出口。

在許多災難後期，更有大量見證被建構為「靈性故事」——有人夢見即將發生的災難，有人憑直覺改變行程逃過一劫，有人在最黑暗的時刻聽見了來自未知的聲音。這些故事不一定要被證實，但它們所建構的，是一種宇宙仍然關心人類的敘事結構，也是一種災後社會情緒重建的重要工具。

此類信仰行為並非必須與宗教綁定，而是一種更加普遍的人類文化現象——在無法解釋的痛苦之中，人需要某種「能說」的系統。信仰，就是語言的極限邊界，是意義的最後堡壘。

靈性作為社群重建的精神資源

在災後重建的現場中，宗教與靈性亦經常成為社群重新凝聚與倫理再生的重要媒介。除了提供慰藉與祝禱，它們也在某些層面擔當了道德仲裁者的角色——誰該獲得原諒，誰應該優先被救助，何謂「值得活下去」的生命，這些問題往往透過宗教語言被重新詮釋。

在集體哀悼之後，許多社群會以「以愛勝恨」、「我們是彼此的光」等靈性語句作為重建的象徵口號，這種精神語彙所承載的，並不只是宗教內容，而是一種集體價值的重申。它們讓人們不再只是災難的倖存者或受害者，而是具備重建世界倫理能力的行動主體。

更進一步來看，靈性實踐不僅有助於心理療癒，也提供了災難之後的

「未來圖像」。這種圖像未必精確，也不一定具有技術可行性，但它為社群保留了對未來的想像權，使人們相信——即便我們已失去一切，仍有一條路，是通往更有意義的存在。

當神不是答案，而是一種被召喚的姿態

在末日敘事的深處，宗教與靈性的復歸不只是文化現象，更是一種文明內在結構的自然反應。當秩序崩潰、邏輯失靈、制度失效，信仰作為一種古老但有效的象徵資源，便重新浮出。

人類或許可以生活在無神的日常，但在災難發生的那一刻，絕大多數人依然會轉向神聖的語言。這不是因為神給了答案，而是因為我們仍渴望有人願意傾聽、理解、陪伴我們穿越失序。信仰的本質，未必在於救贖本身，而在於人類仍相信某些東西值得等待，值得祈求，值得仰望。

當世界陷入沉默，語言耗盡，信仰留下的，也許只是一種姿態：面對絕望，仍選擇仰望的姿態。

23

災後行動與群體重構：從破碎中建立生活的可能

當災難的餘波逐漸退去，焦土之上開始浮現另一種風景——不是完全的廢墟，也不是立即的重建，而是人們在極度不穩定的現實中，試圖重組生活的蛛絲馬跡。這些行動既非英雄式的救世壯舉，也非制度層面的全面改革，而是微小而持續的群體努力，是一種日常形式的重構，是一種在混亂之中維持人性與連結的文化實踐。

本章不聚焦於某一位災民的故事，而是透過觀察不同地區、不同社群在災難過後的集體回應，探討人類如何以實際行動將「生存」轉化為「生活」。這些案例並不神奇，也未必成功，但它們所呈現的，是人類文明在最脆弱狀態下的另一種堅持：一種不等待救贖，而選擇參與秩序再生的能力。

瓦礫之上的合作：社區如何自我組織？

在許多大規模災難發生後，正式機構的支援往往因基礎設施中斷、行政癱瘓或人力不足而延遲。於是，在這樣的空白期間，社區往往成為最早啟動互助網絡的單位。

日本311大地震之後，無數地方小組自發成立「防災市民協議會」，組織資源分配、物資運輸與訊息傳遞，並以地圖標記出水源、避難所與失聯名單。這種地圖不是政府發布的官方資料，而是居民彼此間以手繪、口述、紙條慢慢拼湊的資訊網絡。資訊在這裡不只是工具，而是一種社會連結的具體化。

同樣地，在2010年海地地震與2005年美國卡翠娜風災後，地方宗教團體、社福組織與鄰里小隊也常被迫臨時承擔「非正式治理」的角色。這些行動未必有資金與專業，但它們的價值不在效率，而在於恢復了基本的

「信任機制」。信任，是一切重建的起點。

廢墟中的創造：藝術、教育與日常重啟

災難雖然帶走物理空間的完整，但它無法完全摧毀人們對於意義與形式的需求。在許多災區，藝術與教育常成為最早回歸的公共行動之一，不是因為它們實用，而是因為它們象徵著文明尚未放棄自我敘述。

在敘利亞某些戰後廢城中，孩童在臨時搭建的帳篷教室中學習字母與繪畫，志工在牆面彩繪「再生的花園」，試圖將斷垣殘壁轉化為希望的載體。在烏克蘭戰地區，有教師在地窖中持續教學，有音樂家在破敗建築前拉奏大提琴，只為讓「節奏」回到日常，讓「聲音」回到公共空間。

這些行動不具政治性，也不以抗爭為目的。它們存在的理由只有一個：在沒有制度可依賴、沒有未來可預測的情況下，仍選擇繼續進行文明的基本舉動。這是一種文化性的倖存，是語言、色彩、思考與呼吸的延續。

災後經濟的微型實踐：從共享資源到在地創業

當原有經濟系統崩潰，大型企業撤離、資源供應中斷，社區往往透過微型商業實踐來維持基本運轉。這些行動不構成復興，但它們為人們提供了最低限度的生存邏輯與自主空間。

在印尼亞齊地震與海嘯之後，女性手工藝小組透過簡易的織品與市集模式重啟收入來源；在非洲部分飢荒地區，以牲畜換水、以食物換修繕技術的交換制再度流行；而在美國加州山火災後，一群房屋全毀的居民成立了移動式水站與太陽能發電共享點，使整條街道得以離網獨立生活。

這些經濟行動的規模極小，卻具有一種重要象徵：**即使制度瓦解，生活還是可以被重新編排，只要人與人之間仍願意交換、合作與承諾。**

災難不是結束，而是一種關係的重新排列

回顧這些案例，我們會發現，災難的本質並非單一事件的結束，而是一場關係的重新排列：人與制度的關係、人與空間的關係、人與他人的關係，甚至人與自身存在價值的關係。

有些社群因災難而瓦解，有些卻因此誕生。那些能夠在廢墟中持續行動的群體，往往不是因為掌握資源或擁有領導力，而是因為他們知道如何在失序中創造一種新的秩序——哪怕那只是每天能煮熱一壺水、能聽見孩子朗讀一段故事的秩序。

在這樣的重構過程中，「災後」不再只是對災難的延續描述，而是一種新的文明狀態的起點。這種文明不宏大、不壯麗、不絕對，但它有其堅韌、有其層次、有其人味。它以微弱的行動，抵抗崩解；以緩慢的修復，回應毀滅。

修補不會結束，因為生活從未終止

這一章所呈現的，不是大規模的復興工程，而是日常層面的「文化重建」——由人與人之間的信任啟動，透過一杯水、一支筆、一塊布、一份勞動，重建生活的形式與意義。

末日不總是以爆炸或火焰的形式出現，它可能是靜默的失聯，是長期的缺席，是制度的無聲倒塌。而真正的回應，也不總是來自救世英雄或高空資源，而往往來自最底層的凝聚與互助。

這樣的修補，永遠不會完整。但正因如此，它才更值得被記錄，因為**它並非對死亡的否認，而是對生活的持續回應**。

第4部

書寫未來的可能

24

崩壞之美：末日藝術與美學的反思實踐

在一個逐漸走向崩解的時代，藝術似乎應該退居其次，讓位於實用、效率與生存。然而，事實恰好相反。越是在毀滅逼近之際，越多創作者選擇面對末日、凝視崩壞，並以此為題，生成一系列新的圖像、敘事與空間結構。這種現象說明，末日不僅是預言的對象，更是美學實踐的素材。崩壞本身，竟也成為一種被描繪、被想像、被欣賞的對象。

本章將探討當代藝術如何書寫末日，分析視覺藝術、建築、電影與劇場等領域中出現的「末日美學」——一種融合廢墟、空無、殘破與抽象秩序的風格傾向。我們亦將討論：藝術如何在文明危機之下，提出超越生存本能的感知策略，成為理解失序世界的反思工具。

藝術是否還重要？在結束的時刻，仍然創造

在文明的臨界點，藝術常被質疑為奢侈之舉。當資源短缺、結構崩潰、生命存續本身都成問題，還有人關心畫布上的線條、影像中的節奏、建築的形式嗎？然而歷史提供了反證。

戰爭、瘟疫、政治極權與環境崩潰並未終結藝術。相反，它們促成了藝術語言的轉變，使創作不再只是美的再現，而是文化對「終結」的回應方式。藝術之所以在災難中仍然存在，並非因為它有用，而是因為它提供了人類另一種處理恐懼、哀悼與未知的語彙。

藝術不解釋末日，但它讓末日變得可以思考。在無法控制的現實之中，藝術創造了一種與混亂共處的視覺秩序，讓人類在情緒上得以凝視世界崩塌的輪廓，並透過形式的結構，找回某種仍能站立的審美位置。

廢墟作為形式：視覺藝術中的毀滅書寫

在當代視覺藝術中，「廢墟」不再只是過去的遺跡，而是未來的預演。

無數藝術家選擇將建築、城市與自然環境的毀壞狀態作為創作主體，這些作品中充滿了被遺棄的高速公路、倒塌的塔樓、被沙覆蓋的屋頂、長滿雜草的室內空間。

這些圖像並不訴諸災難現場的驚恐，而是以冷靜、凝視甚至靜謐的筆觸，重現「結束之後」的空間形態。其美感來自於一種對秩序崩潰的沉靜接受，一種將混亂轉化為結構的視覺策略。

如愛德華．伯汀斯基（Edward Burtynsky）拍攝工業廢墟的攝影作品，或海澤．卡普爾（Heizer, Michael）所創作的「地景藝術」，皆以超越人類尺度的視角，構築出一種空曠、超然、近乎宗教性的廢墟美學。在這些作品中，毀滅並非末端，而是形式的新起點。

空無的劇場與結構的拒絕：後末日的表演藝術

除了靜態視覺語言，末日也進入劇場與行為藝術之中。某些劇場作品拒絕敘事與角色，只留下動作與空間本身的時間化變化，仿佛在模擬災後人類感知的殘餘狀態。

德國劇場導演海納．穆勒曾說：「真正的廢墟不是建築崩塌，而是語言失效。」而許多後末日劇場便以「語言的廢墟」為創作起點，讓演出本身成為災難經驗的象徵化重演。

這些演出常在無舞台邊界、廢棄空間中進行，觀眾無明確位置，聲音斷裂、光線不穩、結構鬆動，整個觀演經驗本身就是一種末日體驗。藝術不再是描述末日，而是讓觀眾短暫地「活在其內」。

建築與設計：從實用空間到末日哲學的容器

建築美學也不再以實用、功能、效率為終點，而開始回應極端情境下人類對居住、遮蔽與秩序的哲學需求。面對災難與環境變遷，當代設計師提出「韌性建築」、「過渡性棲居」、「漂浮城市」等方案，不只是技術解方，更是一種文化敘事的轉向。

這些設計多半刻意保留未完成、可拆解、可替換的結構，反映出對

「永久性」與「穩固性」的懷疑。它們擁抱變動、接受崩解，並試圖在此之中提供暫時性的秩序與美學。

例如日本建築師坂茂的紙管建築、荷蘭「水上村落」的模組設計，以及多個漂浮學校、災後帳篷系統等，皆將設計從「創造未來」轉化為「回應失序」的過程。設計不再控制空間，而是學會與混亂共處。

美學不回答災難，但它讓災難能夠被觀看

末日藝術不是一種逃避，也不是消費末日感的刺激裝置。它是一種在終結邊緣的凝視姿態，使人類得以在瓦解中尋找秩序的殘片，使崩潰的世界得以被觀看、被思考、被轉譯。

或許，藝術無法阻止災難的來臨，但它能提供一種在災難發生時仍可站立其中的存在方式。這種方式並不奢華，也不樂觀，但卻深刻——因為它承認：我們將走向崩壞，卻仍選擇創造。這是文明的最後一種姿態，也是最頑強的一種希望：**即使在世界的盡頭，我們仍願意把它畫下來。**

25

操控毀滅的快感：遊戲、模擬與虛擬災難的參與敘事

當災難從新聞頭條與紀錄影像中進入虛擬世界，它不再只是一個等待發生的現實危機，而成為一場可操作、可體驗、可反覆重來的情節模擬。在數位遊戲、沉浸式體驗與互動模擬中，末日不再是終點，而是一個可以被「選擇」與「編排」的過程。人們不再只是旁觀者，而是親身參與者，甚至是設計者。

在這些虛擬場景中，我們不僅模擬如何逃離災難，更反覆演練如何製造它、如何重建它，甚至如何從中獲得樂趣。這並非冷血的殘酷遊戲，而是一種集體性的心理實驗：**人類在災難語境中，為何願意重複演練自身的毀滅**？

本章將從災難主題的數位遊戲出發，探討虛擬末日的敘事機制與參與邏輯。透過《瘟疫公司》、《Fallout》、《The Last of Us》、《文明帝國》、《This War of Mine》等具代表性的作品，我們試圖理解：人們如何在操控中獲得安全感？毀滅的重演為何具有快感？而這些模擬是否也成為一種文化性「預演」與哲學訓練？

災難遊戲的內在邏輯：模擬、選擇與失控

與傳統敘事不同，數位遊戲最大的特徵在於「可操控性」——玩家不只是觀眾，而是劇情發展的參與者，甚至是世界邏輯的操作者。在災難題材中，這種操控尤為關鍵。遊戲提供一個讓人面對失控情境、卻又能在其中「重新建立控制感」的安全容器。

例如《瘟疫公司》（Plague Inc.）讓玩家設計病毒，親手導致人類文明崩潰；《Fallout》系列則讓玩家探索核戰後的廢墟，做出是否殺人、交易、合作、統治等關鍵選擇；《This War of Mine》讓玩家扮演戰火中的平民，體驗道德兩難與資源爭奪的壓力。

這些作品讓災難從不可言說的恐懼，轉變為可編排的「系統劇場」。玩家在其中選擇，經歷失敗，再次嘗試，最終建構一種對混亂的應對知識。遊戲的關鍵不在於逃脫，而在於不斷嘗試在崩潰中建立新規則。

操演中的快感：為何我們願意反覆模擬自己的終結？

末日遊戲的流行不僅來自其故事張力與視覺刺激，更來自一種結構性的情感快感。心理學上，這被視為「控制焦慮的投射性行為」：在面對現實中無法掌控的恐懼時，人們會傾向於創造一個可以反覆控制的場域，讓焦慮得以疏解。

在這個意義上，災難遊戲提供的並非解答，而是一種**體驗性思考框架**。玩家在其中思索「如果我是那個人」、「如果是我作主，我會如何行動」，這種沉浸與自我投射，形成一種深層參與式反思。

同時，在反覆毀滅與重建之間，也潛藏著某種隱密的愉悅感。這種快感來自「演練的自由」，它讓人類能在非真實的情境下排演末日、思考重生、操演選擇，而不必承擔現實風險。這是對災難的一種心理馴化，一種經由虛擬完成的情緒免疫訓練。

遊戲敘事的倫理重構：誰活下來？誰值得拯救？

在許多災難遊戲中，玩家必須面對無數道德決策：有限資源該分配給誰？是否為了生存犧牲他人？在社會瓦解時，合作與背叛的界線該如何劃定？

例如《The Walking Dead》遊戲版強調每個選擇都將導致角色生與死的不同命運；而《Detroit: Become Human》中的機器人起義劇情，也讓玩家重新審視「人性」的定義與災難背後的道德衝突。

這些遊戲並未提供標準答案，卻建立了「災難中的倫理試煉場」。它們讓玩家意識到：末日中的選擇並不只是技術性回應，更是深層的價值排序。玩家在其中不是選出最好的結果，而是被迫面對自己願意承擔哪一種後果。

遊戲作為文化預演：虛擬世界的災難政治學

遊戲雖是虛構，但它從來不是虛無。許多災難遊戲中的制度設計、角色關係、價值邏輯都深植於當代社會的現實投影。例如《文明帝國》系列的末日設定，不只關於核武與氣候危機，更模擬全球治理與技術走向的失衡；而《Death Stranding》中關於孤獨與物流的敘事，亦可視為對疫情封鎖時代的預示性圖像。

遊戲因此成為一種「文化預演裝置」，它讓社會集體經驗災難，在其中建立對未來的心理模型。它不是真正的預測工具，卻是想像能力的生成平台，是未來政治的敘事沙盤。

在這個意義上，災難遊戲的意義不只是娛樂，也不是預言，而是一種制度模擬的哲學劇場，在其中，我們以玩者的身份，操演我們作為人類共同面對毀滅時的多種版本。

毀滅的模擬，不是終結，而是對未來的自我訓練

遊戲中的末日，未必比真實更可怕，但它更清楚、更結構化、更可以回放與思考。人們在其中經歷的，不只是劇情與互動，更是一次次的「如果」練習——如果我們在末日中能這樣選擇，也許現實可以不那麼糟糕。

這些遊戲未必提供了生存指南，但它們讓我們擁有了「參與思考末日」的權利與位置。這種虛擬的毀滅操作，不是災難的歡慶，也不是冷酷的實驗，而是人類對於自身命運與未來選擇權的辯證形式。

因為在操演崩潰的過程中，我們其實是在練習：**如何還能活得像一個人**。

26

韌性城市的建築哲學：設計如何回應未來災難？

在末日想像中，城市經常是第一個倒下的對象。從燃燒的摩天大樓、崩塌的橋樑，到廢棄的車站與淹水的地鐵，這些場景早已深植於文學與影像敘事之中。城市作為現代文明的象徵，在災難來臨時也往往成為脆弱與傲慢的見證。然而，從另一個角度來看，城市同時也代表著人類聚居、合作與創造的核心空間。若我們無法放棄城市，那麼我們是否能重新定義它？

本章將從「韌性設計」（resilient design）的觀點出發，探討未來城市如何在極端條件下仍能維持基本運作與人性尊嚴。這不只是技術性問題，更是設計哲學的挑戰：**當我們無法預測未來的風險時，是否仍有一**

種空間策略，可以容納不確定、擁抱崩解、同時持續生產公共價值？

韌性設計的核心概念：從控制到適應

韌性城市（resilient city）並不追求「永不崩潰」，而是在崩潰之後能快速恢復、甚至轉化為新的運作形式。這樣的思維從根本上顛覆了現代城市設計的邏輯——從控制自然轉向與自然共處，從一體化系統轉向模組化調度，從建築的穩固性轉向使用上的靈活性。

例如，在荷蘭，低地地區的水患問題並未以大型壩體封鎖解決，而是以「讓城市與水共存」為核心設計理念，推動水上社區、浮動建築、可淹沒公園等多層次調節空間。又如日本的防震建築與可折疊避難設施，則將彈性與暫時性納入建築的功能編碼，使災難來臨時，空間能迅速轉化角色。

韌性設計不是「更強」，而是「更會變」。它強調空間的適應性、系統的分散性與社區的自主管理能力，並不以單一的「理想狀態」為目標，而是設計出一種可承受多種未來變化的結構邏輯。

災後的建築語言：不完整、可拆解、模糊邊界

若說過去的現代建築以剛性邊界、封閉結構與功能分區為核心，韌性建築則刻意模糊這些界線。空間不再被明確標示為「商業」「住宅」或「學習區」，而是具備多重用途、可隨需求轉換的配置。

例如，全球多地出現的模組化庇護中心、可移動圖書館、折疊式社區廚房、開放式療癒花園等，皆是將建築從「定點供應」轉化為「彈性支持」的具體實踐。這些空間的美學也不再追求極簡或未來感，而是以自然材料、回收結構、可見修補痕跡為設計語言，刻意展示「過程性」與「修復性」。

建築不再以完成為榮，而以持續修補為目標。這是從崩壞經驗中學來的設計智慧，它承認：在一個不穩定的世界裡，沒有建築是永恆的，**但我們仍然可以建造暫時的安全與短暫的美。**

社區即結構：韌性從人際網絡中誕生

真正的韌性並非來自建築材料或空間科技，而來自社群的協調能力與文化準備。一座城市若無法產生有效的訊息流通、資源共享與情感支持，即使建築堅固，也難以抵抗真正的崩潰。

因此，未來的城市設計不再只是物理結構的安排，而是人際關係的預備。誰與誰共享資源？社區如何決策？訊息怎麼被傳遞？哪些空間是可以即時轉為共用的？這些問題在災難來臨時，遠比建築本身是否穩固來得重要。

韌性城市的真正意涵，在於設計一種能在極限時刻仍能發揮社會功能的空間網絡。建築不只是「庇護」，而是「連結的基礎」。若城市能在人心與空間之間建立回應機制，那麼即使面對終結，也仍保有人類社會的最低運作條件。

在崩解中建造，在不確定中維持秩序

未來的建築不再僅是工程學的問題，而是關於人如何生活在不穩定之中的哲學提案。韌性設計不是試圖阻止一切災難，而是提供一種空間思維，使人在災難發生之後，仍能保有人性與秩序的可能性。

或許，我們已無法再設計一個完美的城市，但我們仍能設計出一個**能面對不完美的城市**；一個即使終將崩壞，也能在崩壞之前、之中與之後，都保有人與人之間連結的城市。

設計的未來，不是恢復原狀，而是預設混亂、接受崩潰，並在其中持續地編排、容納、與守護。那或許，才是真正的韌性文明。

27

在不確定中生活：日常、緩慢與微小抵抗的文化想像

當代人類面對的災難，已不再是一場場孤立的劇烈事件，而是一種彌漫、遞進、反覆發生的日常狀態。氣候異變不再只是極端天氣，而是季節感的崩解；瘟疫不再是百年一次的危機，而成為世代循環的社會背景；系統性風險、政治動盪與資源失衡，也逐漸從「新聞」轉化為「日常經驗」。

在這樣的情境中，末日不再是一個劇烈的終點，而是一個持續發生中的背景結構。人們並非從某個「正常狀態」跌入災難，而是逐步在災難中學習如何過日子。

本章將聚焦於這種「不確定中的生活術」——一種非戲劇性的、微觀的、反制度的文化實踐。我們將討論「日常」如何成為災難社會中的修補

機制，如何透過緩慢、低速、地方性的行動，產生對抗崩解的文化策略。這些看似微弱的實踐，或許正構成了對未來最頑強的回應。

災難常態化：當世界不再恢復原狀

過去，人們面對災難時總期望「恢復常態」——政府的修復工程、社區的重建計畫與媒體的敘事節奏都指向一種線性回復：災難來臨→社會受創→努力重建→生活恢復。

但在二十一世紀的多重危機中，這條回復路徑逐漸失效。愈來愈多地區陷入災後重建與下一次災難之間的循環——重建尚未完成，下一輪風暴已至；學校剛開放，又因疫情封閉；經濟剛復甦，又陷入新的全球供應鏈中斷。

這樣的反覆讓人們不得不意識到：所謂「正常」，早已不再是可恢復的狀態。我們正在進入一種沒有參考點、無法歸位的生活節奏，而這也迫使人們重新調整日常的邏輯。

日常作為抵抗：微小之物的倫理

面對不確定性，有一種文化實踐不是高調對抗，而是低調堅持。人們從個人空間、日常習慣、食物製備、家居擺設、時間安排中，逐步發展出一套應對不穩定性的生活策略。

這種實踐常體現於「慢」的節奏：減少依賴快速運輸、轉向在地食材與手工製程；或是重視可重複使用與再修補的物品哲學，拒絕拋棄式文化；再如選擇離開高壓都市，返回鄉村、山區、小鎮，建立小規模的自給型生活單位。

這些選擇並非出於浪漫，也不是逃避世界，而是一種對「控制感」的再掌握。當未來不可預測，人們透過當下可見、可觸、可持續的小行為，為自身建構一種可控的時間與空間範圍。

這是微小的抵抗，也是一種文化上的誓言：即使世界不再運轉如昔，我們仍選擇以自己的方式繼續維持生活的節奏與節義。

緩慢不只是節奏，而是一種知覺倫理

在災難文化中，「快」總被視為效率、應變、科技與治理的象徵。從早期的緊急應變機制，到數位時代對即時回應的依賴，「快」已滲透人類生活的各個層面。

然而，緩慢不只是速度的反義詞，它代表的是一種「不急於定義、不倉促判斷」的思考倫理。在災難之中，慢意味著觀察、等待、調整與深層感知。緩慢閱讀、緩慢決策、緩慢種植、緩慢修補，這些日常節奏所構成的，不只是替代性生活方式，更是一種文化態度的修復工程。

尤其在資訊極度碎裂、焦慮迅速傳播的當代，「慢」成為抵抗過度刺激、恢復敘事深度的一種必要實踐。它讓人在崩壞中重新與身體連結，與空間對話，與時間同行，從而產生「仍在活著」的深刻感知。

日常的政治性：無聲的行動，也是一種立場

這些看似私人選擇、無關大局的日常實踐，其實深具政治性。它們所

抵抗的，是全球化生產體系的不穩，是資本邏輯對時間與資源的剝削，是災難治理語言的冷漠與抽象。

選擇緩慢，意味著不將效率視為最高價值；選擇微型社群，意味著質疑中心化治理；選擇可持續生活方式，意味著對未來有一種信念：生活應由人本身定義，而非被結構預設。

這種「低語量」的抵抗形式，不依賴口號與標語，也不追求改變世界的宏大抱負，而是在每一次購物、每一道菜、每一件衣物、每一次時間使用的決策中，默默地修改未來可能的樣貌。

在崩解的背景中，生活仍可被創造

當世界不再穩定，我們並非只能等待救援或逃離，而可以重新書寫日常。這種書寫不是大刀闊斧的改革，而是一次次微小但清晰的選擇，是在不確定中自我回應的一種文化形式。

日常，是一種不以結果為目的的實踐；緩慢，是一種不以速度為榮的抵抗；微小，是一種不以規模為正義的堅持。在崩壞之中，我們或許無法立即重建城市、扭轉系統，但我們可以煮飯、修屋、說話、栽種、等待。

這不是放棄未來，而是一種更加謙遜、更加務實的未來想像。因為最終，我們想要的，不是一個完美的世界，而是一個仍能過日子的世界。

28

末日穿著與身體工程：未來生存的機能性美學

當災難成為未來日常的一部分，「如何生存」這個問題，也逐漸從策略與制度的層面，回到了最基本的身體尺度上。氣候失衡、污染劇烈、空氣惡化、水源不穩、能源崩解、暴力常態化……這些並非虛構情境，而是逐步逼近的人類現實。

在這樣的未來預想中，身體的生理限制與環境適應能力成為生存條件的核心。因此，穿著不再只是文化裝飾或身分象徵，而轉化為對抗風險的第一層防線；同時，「身體本身」也被重新設計為一種機能性的資源，從服裝到人工強化、從科技介面到人體改造，**生存不再靠外部庇護，而必須從皮膚開始。**

本章將探討末日情境中的身體想像，從未來服裝設計、災難裝備、人體增強技術，到科幻與設計中出現的「身體即庇護所」概念。我們將分析，這些形式背後所隱含的，不只是功能性設計，更是一種關於**人類未來與自然環境之關係的哲學觀點**。

衣服不再是時尚，而是防禦：災難中的穿著邏輯

在極端環境中，衣物不再是美感與社會象徵的載體，而轉化為一種結構性的「微型生命系統」。未來服裝被賦予更多功能：防塵、防毒、防水、調溫、反光、抗輻射、儲能……它是一層「貼身建築」，是行動中的庇護所。

如日本設計師高橋盾（Undercover）、荷蘭「Studio Roosegaarde」、以色列的戰術裝備品牌，乃至NASA開發的極地探測服，其設計邏輯皆不以裝飾為首要，而是以「功能即形式」為原則：生理維生、物理保護、能源自給。

這種機能性設計亦被導入流行文化中，例如《Mad Max》系列中的皮革與金屬混搭、《Dune》中沙漠防水衣、《The 100》中生存背心與戰術綁帶……末日穿著不再強調時尚輪替，而強調**耐久、分解與重構的能力**。它不只為了對抗外在環境，更是一種預示「長期生存於崩壞中」的文化宣言。

身體即裝置：強化、生化與賽博化的身體想像

隨著科技的進步與環境條件的惡化，對人體的改造也逐漸從幻想變為必要手段。未來的生存者，不僅需要穿戴裝備，更可能成為一種裝備本身。生化感測器、皮膚下植入晶片、自癒性皮膜、增強視覺裝置、義肢整合系統，這些在科幻中出現的「賽博人體」設計，正在被現實科技逐步實現。

例如麻省理工學院（MIT）與多家設計機構正開發能主動調節溫度、根據空氣品質變化自行收縮的「智慧布料」；義肢科技與神經界面融合的研發，讓失去四肢者能重新掌握微小操作能力；甚至在極端場景下，透過生物發光細胞讓人體成為移動光源的設計亦被提出。

這些身體工程不只是功能創新，更重新定義了「人」的邊界。人類不再被視為自然機體，而是生存載具的整合平台。在末日的背景下，生存不再只是靠工具，而是靠**對自身結構的重寫與再編碼**。

機能性與美學的重構：未來的穿著想像不是灰色的

雖然末日穿著傾向實用主義，但這不意味著美學的消失。相反，在高風險世界中，穿著反而成為一種展現價值、哲學與信念的載體。

未來服裝不再追求奢華與修飾，而強調質材的誠實、功能的公開與形式的透明。例如能展示電量剩餘的背包外露線路，將避難地圖直接印製於衣物上的紋理，或是可拆卸為帳篷與醫療繃帶的披肩裝備。這些設計讓穿著本身成為資訊載具與工具庫，是對未來倫理的一種回應。

在美學風格上，也逐漸出現「後災難主義」的視覺語言：不對稱結構、殘布拼貼、無性別剪裁、可再生材料，這些元素既來自匱乏的物資條件，也來自一種對當代過度美化、商品化時尚的文化反思。**末日穿著，是從物理上遮蔽自己，也是從價值上抵抗當代生活的過剩與虛假。**

身體的文化地位：脆弱、暴露與政治性

末日語境下的身體不再是純粹的個人資產，而是一個充滿政治性與文化意涵的實體。誰能獲得科技輔助？誰能穿上防禦裝備？誰有權力接受增強治療、甚至延長壽命？這些都是未來社會將面臨的倫理分歧。

若身體成為資源競逐的場域，則「原始人身」將被視為不完整、低階、可被取代的版本；而經過強化的「末日人身」則擁有更高的社會競爭力與生存資格。這樣的分化隱含著一種潛在的階級系統——人不再以出身、知識、財產分等級，而是以身體的「可升級性」作為存續標準。

這正是末日穿著與身體工程的深層危機：當身體成為技術與生存的結合點，人類的平等性也將被重新界定。在一個由風險主導未來的時代，

「如何穿」與「誰能穿」不再只是審美問題，而是權力問題。

穿著不是裝飾，是關於未來的一種選擇權

末日穿著不是預言，也不是美學風格的衍生品，而是一種來自深層不安的文化實踐。它是人類面對危機時，在極限條件下仍願意選擇建構自身、保護自身、呈現自身的一種方式。它表達的不只是「我還活著」，更是「我選擇如何活下去」。

身體是一切災難的第一現場，穿著是身體與世界之間的第一層語言。在世界無法提供庇護的時刻，人類將庇護設計在自己的皮膚之上。

我們終將學會在風中走路、在毒中呼吸、在不穩之中保持平衡。而這一切，將從我們選擇如何穿上第一件衣服開始。

29

語言的廢墟：災難之後我們如何說話與書寫？

當城市崩塌、網絡中斷、制度失能、信任瓦解，人們或許仍能在廢墟中生存，但是否還能繼續說話？在末日情境之下，語言所面對的，不只是物理環境的挑戰，更是一種結構性的震盪。當過往的詞彙失去效力，當原有的敘事失去說服力，**語言本身也成為災難的受難者**。

本章不僅關心語言作為溝通工具的功能危機，更聚焦於語言作為文化與心理系統的核心時，在災難後所出現的失語、沉默、斷裂與重組現象。當我們說「語言的廢墟」時，我們指的不僅是文字與聲音的失效，而是人類集體理解世界的方式，經歷了一次內在的崩壞。

在這樣的背景下，本章將探討三個主要面向：語言如何在創傷後失效？新的語言如何在廢墟中誕生？而作為書寫者與記錄者的我們，是否能夠創造出一種承載災難經驗的語言形式——一種能夠說出痛苦、但不簡化痛苦的語言。

語言失效的創傷現象：當痛苦無法言說

重大災難之後，個人與社群常會出現一種「說不出來」的狀態。不是因為沒有語言可以使用，而是原有的語言不再足夠。描述災難的詞彙變得空泛，鼓勵與慰問顯得廉價，連時間與空間的表述都失去了準確性——什麼是「正常」、「未來」、「希望」、「日常」？這些詞語在災後往往變得可疑甚至嘲諷。

心理學稱此為「語言阻斷」或「語意斷裂」：情緒過度密集導致認知與表述之間失去連結，人們無法將經驗翻譯為可說的內容，只能以沉默、重複、身體症狀、夢境等形式表達。

文學與紀錄作品中也反覆呈現此現象。例如艾莉·維瑟爾（Elie

Wiesel）寫下的納粹集中營經驗，刻意以碎裂語言呈現記憶的破碎；東日本大地震後的災民日記常出現語句中斷、句型混亂的現象，彷彿語言本身也無法承擔過多的真實。

語言在此刻不再是傳遞工具，而是一種創傷的證據。說不出話，不是因為無話可說，而是因為災難本身讓說話變得不可能。

新語言的誕生：在廢墟中重新命名世界

然而，語言雖可崩壞，卻也能重生。在每一次語言失效之後，人們總會開始重新發明語彙、調整語法、創造新的表達方式。這些語言更新，不只是一種語意替代，更是一種文化性的修復工程。

災後重建過程中，常會出現一種特殊的語言形式，介於正式與口語之間，既具創傷記憶，又帶有集體連結感。譬如用來指稱共同經歷的簡語（如「3.11」、「Katrina」）、災區自創的口號與標語、居民之間特有的問候用語（如「你還有水嗎？」成為日常招呼），這些語言既是工具，也是身份的確認方式。

文學與媒體亦參與這個再命名的過程。小說家、詩人與紀錄片導演重新定義「家」、「安全」、「活著」這些概念，讓它們在災難後得以存續而非瓦解。語言不再只訴諸邏輯與理性，而擁有了更多情感的重量與結構性的含義。

語言的重建，其實是一種對世界重新命名的行為。當原有的話語體系無法再解釋現實，人們透過語言的創造，來為一個已變形的世界重新賦名。

書寫作為承擔：記錄災難，不是保存真相，而是保存可能性

在語言最虛弱的時刻，書寫的行動格外重要。不是因為文字能恢復秩序，而是因為書寫本身就是一種抵抗——對失語的抵抗、對遺忘的抵抗、對崩解敘事的抵抗。

災難書寫的難題，不是要準確說出發生了什麼，而是要寫出那些不能說出來的東西：不完整的記憶、模糊的感覺、無法描述的懼怕與愛。真正有力量的災難書寫，不是冷靜地再現現實，而是承認語言的侷限，卻仍不放棄使用語言。

這種書寫不求說服、不求完整、不求恢復秩序，而是提供一個讓經驗停駐的場所。它讓一段災難經歷能夠被託付給未來，讓後人知道：**那時有人試圖說話，即使無法說清。**

語言的末日，不是寂靜，而是語義的喪失

比起沉默，更可怕的是語言被操弄與掏空。在災難治理語境中，語言常被轉化為命令與數據的工具：死亡被稱為「統計」、遺體被稱為「單位」、失家者被簡化為「人口數」。這些語言看似中性，實則是一種情感隔離的機器，將災難中的人轉化為易於處理的分類物。

同時，社群媒體上過度反覆使用某些災難詞語（如「破防」、「毀滅」、「撐不住了」）亦導致語義的流失。當語言成為情緒宣洩的空殼，或被政治宣傳所佔據時，真正的經驗反而無處安放。

因此，災難之後真正需要被修復的，或許不只是基礎建設與制度信任，而是語言本身的道德性——我們是否還願意，用一種細緻、誠實、複雜而不簡化的方式，來談論這個世界的苦難與希望？

廢墟上的語言，是人類對存在最深的堅持

語言會崩塌，但人類總會再次開始說話。那是因為語言不只是功能，而是一種存在的證明。說話、書寫、命名、敘述，是人類試圖維持自身作為社會動物、倫理主體與歷史參與者的基本行動。

在災難過後，語言不會馬上恢復光澤，它會顫抖、會斷裂、會不堪使用。但只要仍有人願意說出來，願意聽下去，願意寫下去，那麼語言就仍有未來。

語言的廢墟，也許不是終點，而是一座重建意義的工地。在那裡，我們一邊修補破裂的語句，一邊繼續學習如何活下去。

30

教與不教之間：在世界終結前還要教育嗎？

當我們談論未來教育時，一個無法迴避的根本問題是：未來是否還存在？在氣候崩潰、核武威脅、生態失衡、社會撕裂與政治失序層層堆疊的世界裡，許多教育現場早已悄然發生轉變。學生不再單純面對知識與升學的挑戰，而是日復一日地經歷心理壓力、對未來的懷疑，甚至對世界本身的疏離。

本章將從末日視角出發，重新檢視教育的本質與功能。我們試圖回應一個深層的提問：當一個社會面臨終結的可能時，我們還需要教育嗎？若需要，我們究竟是在教誰、教什麼、又為了什麼而教？

末日中的教育：仍然值得嗎？

當未來變得模糊，人們往往會開始質疑教育的價值。畢竟，教育的基本前提是「投資未來」：學會一種技術，是為了將來就業；學習歷史，是為了延續文化；訓練思辨，是為了面對更複雜的社會問題。可是，當未來本身失去可預測性，當社會可能隨時進入全面危機，是否還有必要繼續這樣的學習？

在災難現場與戰爭地區，這樣的問題並非抽象。例如在敘利亞內戰期間，許多孩童被迫離開校園、長年中斷學習。在難民營中，一名母親曾說：「我不知道他將來能否活過今年，但我還是教他讀字，因為他不是野獸，他是人。」

這句話指出教育的另一層意義：教育並不只是為了「未來的用途」，它也是一種維持「人之為人」的實踐。即使末日將至，我們仍教，因為人類不應被簡化為生存機器，而是有理解世界、創造意義、與他人共享語言與價值的能力。教育，是對文明尚未終結的一種信仰表達。

不再為未來而學：改變教育的時間觀

若教育不再是為了「未來就業」、「社會階層提升」、「知識生產邏輯」而設，那它還能教些什麼？或許，我們需要的是一種**去功利化、去目的化的教育觀**——不是為了某個可兌現的成就，而是為了當下的存在品質。

這種轉向，意味著教育從線性時間觀走向循環或多點式時間觀。知識不再只用來準備「將來」，而是用來理解「現在」；技能不再只用來解決問題，而是用來拓展感知；語言、藝術、倫理、歷史，不再是科目，而是「讓人在崩解中不至於完全迷失」的錨點。

許多災區的臨時教室、社群學校與野地課程證明，即使在資源極度匱乏的條件下，教育仍然可以發生，只要有人願意教，有人願意學。在這些現場，教育的內容未必複雜，可能只是聆聽彼此講故事、一起種一株植物、認識所在土地的變化。**這些學習不是為了改變世界，而是為了活得更像一個人。**

我們應該教什麼？末日下的知識重組

若當代教育仍希望有所轉化，它勢必要重構內容。傳統的知識分類系統與升學導向課綱，未必能應對災難時代的複合挑戰。氣候議題跨越自然科學與倫理哲學，AI 科技涉及程式邏輯與社會批判，虛假資訊與社會情緒交織在數位媒體語言中，這些問題無法在傳統學科架構內獲得完整理解。

因此，教育若要在末日邊緣成立，所需的不再是分科知識的擴展，而是**跨學科思維的養成、系統性理解的能力、與不確定性共處的心理素養**。

我們可能需要教導：

1. 如何辨認與應對環境風險；
2. 如何在資源匱乏之中發展生活技術；
3. 如何處理失落、焦慮、創傷與衝突；
4. 如何與人合作、交換、分享、共存；
5. 如何記錄現實、傳承故事、保留語言；
6. 如何以想像力與創造力，開拓希望的可能。

這些不會列入考試，也難以量化，卻是在未來不穩社會中最根本的存活智慧與文化記憶。

教與不教之間：教育作為一種倫理選擇

最終的問題並不是「還要不要教」，而是「是否仍願意相信教與學值得發生」。教育不是知識的轉移，而是關係的維繫，是人在不確定世界中，仍願意將理解、技術與記憶傳遞下去的一種行動姿態。

若我們放棄教育，我們便放棄了對未來的任何形塑權，也放棄了對下一代說出：「你值得被理解、被教導、被相信」的機會。而這種放棄，不只是技術的崩潰，更是一種倫理的斷裂。

因此，在世界終結前，仍選擇教導，是一種人類拒絕簡化自身的舉動。那不只是為了孩子，也是一種向自己證明：即使天塌地陷，我們仍願意花時間，與他人共享理解世界的方法，並說出：「知識還有價值，語言仍可傳遞，未來也仍可以被想像。」

31

與機器共寫未來：數位創作、人工智能與人類想像的邊界

當我們談論「未來」時，往往是以人類為中心的語言構築一個可能性空間。然而，進入二十一世紀的第三個十年，這一敘事結構開始產生動搖。人工智能不再只是運算工具、資料助手或邏輯模擬器，它已逐步參與進入原屬於人類的創造領域：寫作、繪畫、作曲、翻譯、設計、對話。

在這樣的變化之下，一個根本性問題悄然浮現：**未來的想像是否仍專屬於人類？或我們已經進入一個「與機器共寫未來」的文化時代**？

本章將從人工智能與創作的交界處出發，探討AI生成內容對人類敘事的影響、想像力的轉型、創作倫理的挑戰，並延伸討論人機合作的可能性與邊界。我們不急於判斷好壞，而嘗試揭示：當人類不再是唯一的創作

者，文化、生產與意義的結構將如何轉變？

機器如何創作？人工智能的語言邏輯與敘事節奏

人工智能生成文本與圖像的能力來自於龐大的資料訓練與模式學習，它並非「思考」，而是透過辨識語料中的統計結構，模擬出具有語感、邏輯甚至風格的內容。在ChatGPT、Midjourney、Suno、Runway等系統之中，我們已能看到AI能根據指令產出完整的詩歌、對話、論文摘要、繪畫構圖與音樂片段。

這些作品的驚人之處，不在於它們像不像人類創作，而在於它們所展示出的「語言效率」與「創作密度」已遠超過人類作家可達到的極限。人工智能透過「生成——修正——再生成」的模型，模擬出極高量的敘事樣本，並在使用者互動中逐步接近語境所需的意圖。

然而，這樣的創作是否仍可被稱為「想像」？在沒有內在經驗、無具身情感的前提下，AI的創作是一種敘事操作，而非生命書寫。但問題也正出在這裡：**當操作產出的效果已與想像無異，人類是否仍能堅持自身作為「唯一敘述主體」的地位**？

人類的角色轉變：從創作者到策展人？

隨著人工智能在內容生產上的角色擴大，人類的創作位置也正逐漸轉變。我們不再是唯一的生成者，而更像是一種策展人（curator）、指令設計者、語境決定者。我們不必親手完成一首詩或一幅畫，而是設計條件、選擇風格、調整語氣、設定框架，再由AI完成執行與變奏。

這樣的轉變讓創作變得更加模組化、非線性與高互動性。創意不再是一段封閉的靈感歷程，而是一個可以被觸發、試驗、微調與協作的程序。這種創作邏輯的變化，潛移默化地重塑了我們對「作品」的認知——作品不再是藝術家意志的單點結晶，而是由多重參與者（人與機器）共同生成的開放性文本。

這是否意味著創作的淺化？還是創造力的重新分配？無論答案為何，

人類作為「創作主體」的權威性，已無可避免地鬆動了。

想像力的技術化：當未來被預先生成

更進一步來看，人工智能不只是輔助創作的工具，它也開始形塑我們「如何想像未來」的方式。AI生成的虛構場景、模擬影像、科幻敘事，正逐漸主導文化中的未來圖像——末日城市、後人類世界、合成人格、宇宙殖民，這些過去由小說家、畫家與導演建構的敘事，如今也能透過AI一鍵生成，甚至更迅速、更視覺化、更可操作。

這一現象引出一個文化層面的思考：**當未來圖像越來越多是由演算法「演算」出來的，而非人類靈感「誕生」出來的，我們是否正在失去對未來的原創性參與權？**

人工智能雖不具意志，但它確實影響了文化產製的節奏與結構。它重新編碼想像力的呈現方式，也潛移默化地改變我們對「可能性」的理解。未來不再是我們反覆思索出來的方向，而是工具提供的「選項」之一。

共創或取代？技術與人類想像力的倫理邊界

面對人工智能的崛起，創作者與文化工作者所關心的，除了技術本身，更在於倫理層面的界線：創作的責任歸屬如何界定？AI是否有「作者」地位？創作背後的資料集是否侵犯既有文本與影像的版權？在AI能模仿特定風格的情況下，風格是否仍屬於原創者？

更根本的，是人類是否準備好與一個「無人稱創作者」共處？如果作品已不再來自某個特定意志，而是由複數指令與資料演算組合而成，我們是否仍能為它找到意義？又或者，我們需要重新定義「創作」本身的意涵？

這些問題不只是技術問題，更是文化哲學的難題。未來世界的創造力，不再是單一主體的產物，而是一場**人與技術之間的長期共構與協商**。

我們不再獨寫未來，但我們仍可共寫它

人工智能不會取代人類的想像力，但它會重新定義想像力的邊界。我

們或許無法再單獨構築未來敘事的高牆，但我們仍可以與技術一起，在新的語法中探索未知、重組敘事、擴大視野。

與機器共寫未來，不是一場主權的爭奪，而是一場表達方式的轉化。真正的挑戰，不在於AI能寫什麼、畫什麼、說什麼，而是我們是否能持續提出真正值得被思考的問題，是否仍保有對世界的感知力與倫理直覺。

因為無論創作者的樣貌如何改變，未來始終需要故事。而故事，始終來自一種選擇：即使在終結的邊緣，我們仍願意打開語言，書寫一種尚未發生的可能。

第5部

預言之外的現實腳步

我們談了整本書的災難與末日，也談了科技與文化的轉向，但我始終相信：「思考過未來之後，我們總得回到現在，總得問一句——那我們今天該做什麼？」所以接下來這幾章，我想放下學術與理論，與你分享一個關於創業、感情、堅持與生活彈性的故事。不是關於預言，而是關於洗車。是的，洗車。

或者更準確地說，是在一個不斷變動的世界裡，兩個人決定用一雙手、一輛車、和一點點信念，走出自己的生活節奏。

這就是我們的故事。

32 活在預言中：不確定時代的日常選擇與實踐

我們所處的時代，充斥著各式各樣的預言。從氣候報告到政治分析，從科技預測到社會模型，幾乎每一個領域都在告訴我們未來正在崩解，世界即將轉向不可逆的邊緣。我們對災難的認知，已不再停留在神話與宗教中，而成為政策討論、教育課綱、個人選擇的一部分。預言已成常態，危機感內化為一種生活背景噪音。

在這樣的背景下，選擇如何生活，不再是中性的行為，而是一種哲學姿態。我們無法再把生活當作理所當然的延續，而必須將每一個微小的選擇視為回應世界的一種方式。

不再問「末日會不會來」，而是問「我要怎麼活下去」

許多末日敘事讓人陷入癱瘓：既然未來這麼不可控，那麼做什麼還有意義嗎？如果大氣層正在崩壞、經濟體系正在重構、人工智能將取代人類，那我今天洗不洗碗、開不開店、還需不需要養孩子、學一項技能，有什麼差別？

但正是在這種虛無之中，一種更謙遜、更具行動感的價值觀也逐漸浮現。人們開始重視小而確定的事物——一杯熱水、一份自己準備的便當、一段可預測的工作流程。這種生活態度，不是對災難的否認，而是對災難性的時間感的一種修補。

我們開始明白，真正讓人焦慮的，不是未來本身的毀滅性，而是我們無法在當下找到可實踐的回應。

微型行動：在結構崩壞下重建節奏的方式

這些年出現許多文化轉向，不論是返鄉務農、都市裡的慢食運動、極簡主義、共享經濟、自主接案生活、小規模創業、零浪費生活、生態設計……表面看起來彼此無關，但它們共通的，是試圖在**龐大的不確定之中，建立一套可控的微型秩序**。

這並非傳統意義的反抗，也不一定是出於理想主義。它們往往是務實的選擇，是一種來自深層焦慮的自我回應：與其依賴體制，不如建立自己的機制；與其等待轉機，不如自己啟動一種生活邏輯。

例如，一個人開始在陽台種植香草，不是為了省錢，也不為了自給自足，而是因為他想知道：**在一個動盪的世界裡，有什麼是我今天可以自己做到的**？

洗車，也是一種哲學

這一部的後續幾章，將不再延續抽象的文化分析，而是轉向現實層面的故事：我與伴侶，在香港這座節奏極快、成本極高、壓力極大的城市中，選擇了一條看起來平凡卻極不容易的路——我們決定創業，而且是提供上門洗車與打蠟服務。

這個選擇表面看來，或許與「預言」、「末日」、「災難意識」毫不相干，但在某個層面，它正是這一整本書所嘗試提出的回應方式之一：

1. 面對未知，我們不一定能掌控世界，但我們可以掌控一段路、一項技術、一種節奏。

2. 面對預言，我們不一定能改變天氣，但我們仍然可以出門洗車。

3. 面對崩壞，我們仍可以選擇創造。

與其問「世界怎麼了」，不如問「我今天可以做什麼？」

在預言語境中，生活本身就是一場回應。它或許不宏大、不驚天動地、不足以成為新聞，但它足以讓我們每天醒來時，對自己說：「今天還有一件事是值得做的。」

第五部，就是這樣的故事集。

而第一個故事，來自於我們兩個人、兩雙手、一輛車，還有一種雖然微小但從未放棄的信念。

33

堅持與彈性：上門洗車的現實創業筆記

一段從生活壓力中走出的選擇，一場由情感支持而生的創業行動

在這座節奏逼人、土地緊張的城市，幾乎所有關於工作的敘事都離不開效率、加班與競爭。對我們這代人來說，生活不只是生存，更是一場持續的協調戰——協調理想與現實、感情與事業、自我與他人。在這樣的語境下，「創業」並非某種雄心壯志的實現，反而更像是一種逃離，也是一種回應。

我們的故事，從一對情侶開始。與許多同齡人一樣，我們曾各自在不同領域打拼，一個在創意產業，一個在科技行銷。日夜工作，進度壓力，短訊溝通，晚餐變成一種奢侈，愛情也時常讓位於行程表。即使彼此深

愛，疲憊卻逐漸使我們難以照顧對方的情緒，情感開始與生活節奏脫節。

那時我們常問自己：「我們是不是忘了為什麼會走在一起？」

不想只活在別人安排的節奏裡

轉折來得並不戲劇性，只是一件小事。一次偶然，我們幫朋友洗車、打蠟，本來只是一次幫忙，卻讓我們驚訝地感受到某種久違的快樂與踏實。這種快樂不來自錢，也不來自成就，而是來自「做完一件事、看到它變得更好」的感覺。車身一點點變亮、污漬被擦去，那種肉眼可見的改變，是我們在日常辦公室裡從未擁有的實感。

我們開始問自己：**如果連這樣的滿足都能成為一份工作呢？如果我們可以創造一種不依附體制、不需要朝九晚六、可以自己決定節奏的服務呢**？

這樣的想法，初看荒誕。但在一個人人都想開發平台、寫程式、賣NFT的城市裡，我們卻想提供一項最樸實、最無科技感的服務：**上門洗車**

與打蠟。我們不是要創造風口，而是要創造秩序——在別人忙著變快、變輕、變虛的同時，我們想變慢、變重、變真。

從情侶變成事業夥伴

創業初期並不浪漫。從購買工具、研究洗車產品、計算成本到設計品牌形象，每一個細節都需要討論、磨合與妥協。我們發現，感情中的默契不等於事業上的分工；情侶之間的包容，也不總能轉化為營運上的效率。

我們曾為一張價格表爭論半天，也曾因為對客戶應對方式的不同而冷戰數日。這些衝突暴露了我們原本沒有看清的差異：對風險的忍受度、對服務品質的堅持、對「彈性」的定義。然而，這些差異並未摧毀我們，反而使我們更清楚彼此的優勢與界線。最終，我們找到了一種方式：**把愛延伸為信任，把合作學會成為策略**。

香港的車、香港的人，與香港的彈性

我們的服務主打「上門」，這在香港其實不是件容易的事。交通擁擠、停車困難、天氣多變、住宅結構複雜……每一個地區都有不同的限制。我們必須依地形、氣候、社區設計不斷調整方案，甚至客人心情不好，也得學會應對。

我們最常遇到的問題不是技術，而是臨場的變數管理。有時下大雨、地板滑，有時管道阻塞、水源不足，還有客人臨時更改地址、或要求額外服務。這些情況讓我們明白，所謂創業的「專業」，其實不是標準流程的執行，而是對混亂的接受與即時的調整。

彈性，不只是給客戶的，也是給自己的。當我們學會**不焦慮、不硬碰、不絕對**，我們發現自己反而更穩定、更流動，也更踏實。

洗車，也是一種對話

很多人問我們：「洗車這麼辛苦，你們真的會繼續做下去嗎？」我們總笑笑說：「會呀，因為我們不是只在洗車。」

我們在洗車的時候，也在觀察一輛車的故事、一個城市的痕跡、一段關係的重量。我們遇過一位剛退休的伯伯，說自己每週都要擦車，因為這是他退休後唯一能自己掌控的事；也遇過一位年輕媽媽，一邊餵奶一邊請我們幫她把車內餅乾渣吸乾淨，說孩子一睡，她就沒時間了。

我們不是為車服務，是為這些人的生活節奏服務。我們也學會把這些微小的事，視為值得被完成的任務。**在一個什麼都快速輪替的世界裡，有人還願意把一輛車擦得發亮，是一種認真的姿態。**

不完美，但我們還在做

這段創業旅程教會我們的，不是怎樣成功，而是怎樣接受不完美，並仍然願意做下去。我們學會了在合作中吵架、在壓力中分工、在失敗中調整、在疲憊中照顧彼此。這不只是感情的磨合，更是對於生活節奏的再定義。

世界會不會變好，我們無從得知。但我們知道：每一次我們穿上制服、裝好水管、敲開一戶人家的門，都是一場溫柔的堅持。**洗車，不是夢想；但洗車，是我們面對世界的方法。**

世界再亂，車還是會髒。水還是會乾。

而我們，還是會繼續洗下去。

34

重溫：一車女人
洗車情侶檔

從幕後走到鏡頭前：創業與曝光之間的轉折點

參與 ViuTV《一車女人》第 41 集後，我們經歷的一次蛻變

創業初期，大多時候都是安靜的。安靜地計算、安靜地奔波、安靜地承受風險與懷疑。沒有大張旗鼓的開始，也沒有掌聲與燈光，只有每天要不要下雨、客戶今天會不會改時間、設備夠不夠力、皮膚曬傷了沒……這些最瑣碎的問題，反而成為我們那段時期生活的全部節奏。

我們從沒想過，有一天會被邀請上節目，會在一個全港播放的電視平台上，介紹我們這個看似簡單的上門洗車與打蠟服務，更沒想過，那一次露面，會成為我們品牌與創業旅程中的一個關鍵節點。

那集節目的名字叫《一車女人》，第 41 集。

意外來訊：一次從手機彈出的機會

那天我們正在接單處理，幾通電話、一堆未回訊息、一位客戶臨時改時間……生活照常忙亂。突然，Instagram彈出了一條私訊。是一位來自ViuTV節目《一車女人》的製作人，說希望邀請我們參與節目拍攝。

老實說，我第一反應是：會不會是詐騙？在社交平台收到這種邀請太突兀了。但懷著半信半疑的心情，我們還是回覆了對方，並進一步了解節目形式。幾番確認後，我們才確信——這真是一個來自主流媒體的正式邀約。

節目希望我們能分享創業經歷，並展示上門洗車的實地服務流程，同時與車行、租車公司代表進行互動與交流。

我們一開始很忐忑。畢竟，鏡頭是陌生的，而我們的服務也並非一般人一開始就熟悉的商業模式。**但我們很清楚，這可能是一次跳出台前、向更多人介紹我們理念與價值的機會。**

拍攝前的自我梳理：我們到底要說什麼？

節目前的幾天，我們花了大量時間準備。不只是在技術上要熟練流程，更重要的，是我們要想清楚：**我們是誰？我們的服務，解決了什麼問題？我們要讓觀眾記得什麼**？

我們不想單純當作「洗車技術展示」，而是想在鏡頭前呈現一種可能性：**原來生活裡這麼小的服務，也能用專業經營；原來年輕人創業，不必全靠平台、不必過度科技化，也能靠人與人的信任與細節打開市場**。

我們的服務，其實為不少車行、租車公司解決了人手調度的難題。他們不必聘請固定洗車員工，也無需設置場地，我們的上門服務能靈活支援，依需求即時調配，不僅節省了人力與場地成本，也提升了整體效率與客戶滿意度。這就是我們想說的故事。

拍攝當天：烈日、鏡頭與不可預測的挑戰

正式拍攝當天，我們與三位藝員一起進行現場操作與訪談。地點是一間合作車行的場地，烈日當空，氣溫接近35度。這對我們來說並不陌生，日曬是日常，但這次多了鏡頭與關注，每一個動作、每一句話，我們都必須小心。

我們在現場展示了完整的上門洗車流程，使用無水洗車劑、局部高效拋光、手工打蠟等技術。藝員與嘉賓提出了不少尖銳的問題，比如：「你們的打蠟頻率會不會太高？」、「這樣做和傳統車房有什麼分別？」甚至有人問：「真的有客人願意讓你們來家樓下洗車？」

我們一邊工作，一邊解釋我們的流程與理念。每一次回答，不只是陳述技術，而是一次次用語言重申：**這不是兼職，也不是噱頭，而是一個嚴肅、穩定、有系統的服務方案**。

那天的拍攝有些疲憊，也充滿挑戰，但我們知道，我們跨出了一步：把一件再日常不過的事，帶到台前，轉化為可以被理解、被認同、甚至被採納的服務邏輯。

播出後：關注、回響與進一步的可能

節目播出後，我們的品牌立刻迎來了一波新的流量與詢問。不只是個人車主，更重要的是一些從未接觸過我們的業界夥伴主動聯繫，表示願意合作。

其中，一家大型租車公司在看完節目後，與我們洽談並快速達成合作。他們將我們的上門洗車服務納入日常流程，不僅改善了內部管理，還提升了用戶體驗。我們也因此拓展出穩定的合作營收，開始建立「企業服務」這條支線。

同時，也有其他行業業者，包括汽車美容、汽車保養團隊與我們接觸，嘗試建立資源共享的聯盟合作模式。我們發現：**當一項服務進入公共視野，它不只是「被看到」，而是有機會「被擴展」**。

鏡頭下的成長，不只是曝光，更是整理

這次上節目，最深刻的體會不是成績上的提升，而是心理上的改變。

它迫使我們把**原本只是「在做的事」，轉化成「能說出來的理念」**。

許多創業者都在埋頭做事、解決問題，但未必有機會站出來說明：我們是誰？我們為什麼做這件事？這次節目，成為我們的一面鏡子，也是一個擴音器，讓我們更清晰地看見自己的定位，也讓市場看見一個可能性。

對我們而言，這不只是一場曝光，更是一場內部的梳理與外部的呼吸。

從幕後走出，是我們選擇堅持的方式

創業不是一條華麗的跑道，也不是直線向上的故事。它是一連串選擇與回應，而這一次走出幕前，是我們對自己的一次肯定：我們願意被看見，願意把細節說出來，願意讓這件事，不只是我們兩個人的小冒險，而是一件值得被推廣的公共服務。

如果說前面的創業過程是默默耕耘的基礎階段，那麼參與這次節目，便是我們第一次正式告訴世界：「我們在這裡，我們是認真的。」

35

一碗叉燒飯與一瓶蚊怕水：最難忘的上門洗車經驗

創業的過程不只是數據、規劃與市場分析。當你選擇走進人們的日常、敲開每一扇不同的門，你會發現：真正讓你堅持下去的，不一定是營收目標或行業趨勢，而是那些突如其來的溫柔——來自陌生人的一碗飯、一句關心、一個看似微不足道但極為貼心的舉動。

我們經歷過許多有挑戰性的上門服務：趕不及的雨天、更改地點的客人、深夜工作至凌晨……但也有些時刻，會讓你在身體疲憊的同時，感受到心底那股被滋養的力量。這一章，就是關於這樣一個難忘的夜晚——一碗叉燒飯與一瓶蚊怕水的故事。

肚子餓，也是一種創業挑戰

那是一個天色漸暗的傍晚，我們接到了一位住在新界郊區的客戶預約，對方希望我們幫他兩輛車做全面洗車與打蠟。我們計算時間後發現，剛好會錯過附近餐廳營業的最後一輪，於是提前計劃先找個地方吃晚飯。

但我們低估了那片區域的「空白」。開車在村路中繞了幾圈，不是店舖早早關門，就是根本沒設施。城市裡習以為常的便利，在那裡變得稀有。我們邊找邊笑：「怎麼連杯麵都買不到？」

時間一分一秒過去，我們最終還是決定先到顧客家報到，打算晚點再去便利店解決一餐。沒想到，這個決定，成為了一場特別經歷的開始。

顧客的款待：從杯麵問句，到家常熱飯

我們剛一到，顧客就熱情地迎了出來。他大概五十歲上下，眼神和緩，說話慢條斯理，還特別關心我們是不是很趕路。一邊安排車輛位置，他還突然問道：「你哋食咗飯未呀？」

我們笑著說：「未呀，本來諗住睇下附近有冇杯麵……但搵唔到鋪頭。」

話音剛落，他就停下腳步，語氣篤定地說：「得啦，我煮畀你哋食。」我們一時沒反應過來，以為他開玩笑，沒想到他竟然轉身進屋，不久便傳來煮飯的聲音。

十幾分鐘後，他端出兩碗香噴噴的叉燒鴨腿飯，還說：「煮多咗啲，聽日帶返公司食啦。」

那一刻，我們面面相覷，一邊感動，一邊有點不好意思。不是因為我們不能自己解決一餐，而是因為這種**毫無防備的好意與慷慨**，在這個城市實在太稀罕了。

不是米芝蓮，但比米芝蓮更令人記得

那頓飯沒有精緻擺盤，也沒有高湯熬煮，但那一碗熱飯裡卻充滿了家常的真誠。我們邊吃邊聊，他分享了自己多年的駕車經驗，說這輛車陪他出差、送家人、甚至載過病父母去醫院。他說：「所以我對架車幾重感情，想佢乾乾淨淨，舒服。」

我們聽著這些話，更明白洗車不只是表面的光亮，而是**一種對生活的整理與尊重**。那頓飯後的打蠟，我們比任何時候都更投入、做得更細緻，彷彿不是在服務一輛車，而是在回應他對生命細節的珍惜。

一瓶蚊怕水：創業者最柔軟的收穫

飯後，我們準備繼續清潔車身。他從屋裡走出來，手上拿著一瓶透明塑膠瓶裝的液體，輕輕遞過來：「呢個係蚊怕水，夏天多蚊，記得搽啲。」

這小小的動作，讓我們愣了一下。蚊怕水不是甚麼貴重禮物，但那是一種**將我們從「服務提供者」視為「被照顧者」的姿態轉換**。他不是把我們當工人，而是當客人、當朋友。

那一晚的服務結束後，我們並沒有立刻離開，而是站在村口，望著微暗的天色，沉默了好一會。不是疲累，而是心裡有一種很久沒有的平靜。

信任的橋樑，是從一頓飯開始

創業讓我們學會很多事，但最難學的，不是技術與策略，而是如何在忙碌與壓力之間，仍能保留對人與世界的溫柔觀察。

那位客戶後來也成了我們的長期客人，不只介紹其他村民給我們，還主動幫我們在地區群組裡推薦。他說：「你哋係用心洗車，我唔會介紹啲hea做嘢嘅人。」

他的那碗飯、那瓶蚊怕水，還有那句話，是我們創業旅程上最不期然的禮物。它提醒我們：只要心中有溫度，無論在哪個行業，都能遇見人性的光亮。

車洗乾淨，人也暖了

在這條創業路上，有數不清的汗水與疲累，也有一些時刻，讓你明白：做得再多，也值得。你不只是把一輛車洗亮了，而是在人與人的縫隙中，擦亮了一點信任，一點連結，一點讓人願意留下來的理由。

我們沒想過這份工作能帶來多少掌聲，但我們始終相信，它可以帶來真誠。

我們是洗車的，但其實，我們洗的不只是車。

36

洗車如修禪：上門洗車打蠟的專業技巧與實踐知識

細節之處見態度，日常工序背後，是工藝與心法的結合

我們的工作，從外表看似簡單：一輛車、一桶水、一條毛巾、一罐蠟。但真正的核心，不在這些工具，而在那一雙雙習慣觀察細節、理解材質、掌握節奏的手。

我們時常笑說，洗車不是一門服務，是一門工藝。更準確地說，是藝術與科學的結合。因為我們做的不只是清潔，而是保養、修復、呈現與保護。車輛雖為機械，但與人共處日久，也有了質感與性格。我們要做的，就是在每一個細節裡，把這份性格擦拭出來。

洗車之前：從「預洗」開始的專注儀式

很多人認為洗車的第一步是沖水。但對我們來說，洗車的第一步，是觀察。

車身有多髒？灰塵是沙還是油？停車環境如何？是否沾上鳥糞、樹汁？這些決定了我們使用的預洗劑、濃度比例、還有等待時間。

我們不會直接開水槍，而是先用專用預洗劑噴灑車身，分解表層油膜與頑固污漬，靜置一會，讓藥劑發揮作用。這個步驟看似簡單，但若略過，就容易在後續擦拭時讓細微沙塵劃傷車漆。**預洗，是預防傷害，也是一種尊重車輛本體的禮儀**。

洗車技巧：不是沖掉髒，而是呵護材質

一輛車的車身，從玻璃、金屬到塑料，材質各異、結構不同，我們不能用同一種力道與布料處理。

我們使用不同級別的超細纖維布，柔軟無磨損，搭配中性清潔劑，避

免破壞車蠟層與塗層。車頂與引擎蓋會先清洗，然後才是車側與輪胎，這是為了避免將污水回流到已清潔部位。

對於後視鏡邊緣、門把內側、輪拱、車窗膠條這些「容易忽略、卻最容易藏污」的部位，我們會用專用小刷頭或細緻噴槍處理。**這些細節，決定了一次洗車的質感與誠意**。

擦乾技術：讓水痕消失無蹤的關鍵時刻

洗完車後的擦乾，不只是「把水擦走」，而是防止水痕形成、保護車漆光澤的一個環節。

我們使用多層級吸水毛巾，先用粗吸水布拭去大部分水珠，再用乾淨的拋光布進行細部擦拭，特別是縫隙與角落。每一塊布都分區使用，避免交叉污染。

有時天氣悶熱、水痕易乾，我們會加快節奏或配合輕噴快拭。這些看似微小的動作，其實就是讓服務從「完成」升級為「精緻」的差別。

打蠟工序：是保護，也是賦光

如果說洗車是清潔，那打蠟就是保養。它既是對車漆的修補，也是對未來的防護。

我們會根據車齡與漆面狀況選擇蠟類：固蠟持久、液蠟易施工、噴蠟輕便快捷。對於常見的都市用車，我們多使用快乾型液體蠟；但對於高端車或長期暴露於戶外環境的車種，則會選用深層固蠟。

打蠟過程中，我們使用專業旋轉打蠟機或手動棉墊，以畫圈方式均勻塗布，避免重疊與斑塊。這個動作需要穩定的手感與良好的視覺判斷，確保整體光澤自然、不浮、不黏。

拋光收尾：點亮最後一道光

蠟層塗布完畢後，我們會使用乾淨纖維布進行拋光，這不僅是美觀，更是封層與吸收的最後步驟。透過適當的擦拭角度與力道，將多餘蠟層拭除，留下乾淨、深亮、柔和的光澤。

有時顧客在旁邊看著，會說一句：「你哋抹得好慢，好細緻喎。」我們會笑笑說：「因為想你架車，可以靚多兩星期。」

這不是一句玩笑，而是一種工作信念：**我們不是在賺洗車費，而是在延長一輛車的體面與壽命**。

工序之外，是態度

上門洗車與打蠟，不是比誰快，而是比誰用心。這份工作沒有舞台，也沒有聚光燈，它的成就感來自於顧客回頭一看說：「嘩，閃晒。」也來自於一次次靠技術與誠意換來的信任。

我們不怕辛苦、不怕流汗，怕的是——草草了事。我們相信，每一個細節的堅持，都會在人與人之間、在一輛輛車上留下痕跡。而這些痕跡，就是我們存在的價值。

因為，**一輛車，值得被認真對待**。

37

從小生意到品牌思維：我們如何走向擴展

不是做到忙，而是做到「穩」與「廣」——我們學會的轉念

創業初期，我們只想著怎樣接單、怎樣不出錯、怎樣讓今天順利完成。那時候，服務每一位客人都是一場完整的挑戰，也是一場當天就結束的旅程。我們不會去想太多未來，更沒有時間去想「品牌」這兩個字。

但當客人開始轉介新客人、當媒體開始報導我們、當企業主動找上門合作、當我們的排程已不再靠記憶而需要系統時，我們開始意識到：**我們不能只靠努力與運氣過每一天，而要開始設計一套可以持續的結構**。

我們開始從「做事」的模式，轉向「做系統」的思維。這，不只是經營層次的變化，更是**心理定位上的蛻變**。

小生意可以很忙，但品牌需要可複製

我們從一開始就是親力親為：報價、接單、洗車、收尾，什麼都自己來。這樣的操作，靈活、快速、成本低，但也非常「綁死」。一旦我們生病、請假、出差，整個業務就會停擺。

我們很快發現，一門依賴單一人力的生意，不管做得多好，都無法長久。我們必須從「技術內化」走向「流程外化」，從個人經驗變成可交棒的模式。

這就是品牌的第一步：讓你可以不在場，服務仍然如常發生。

我們開始把流程拆解成細節，例如：

1. 如何在抵達現場前就做好心理預期管理？
2. 打蠟前是否需要客戶二次確認？
3. 洗車與拋光的步驟應否配有時間節點？
4. 如何記錄每位客戶的偏好與車況？

這些本來都存在於我們腦中，或藏在經驗裡，但現在要變成可教、可寫、可傳承的東西。

這就是品牌思維的轉捩點：**我們不再只想「做好」，而是想「做得讓別人也能做好」**。

從服務邏輯，到品牌語言

另一個改變，是我們開始有意識地思考「我們的風格是什麼？」我們發現，不只是技術和效率吸引客人留下，還有我們的語氣、我們的態度、我們的故事。我們的客人經常在Google評論或IG留言寫：

1. 「佢哋唔只係洗車，係連我嘅心情都清咗。」
2. 「溫柔又細心，唔催、唔亂，一路慢慢做，俾人好安心。」
3. 「原來洗車都可以咁有儀式感。」

這些回饋讓我們意識到，我們可以不只是一個「洗車公司」，而是**一種生活態度的提供者**。

我們開始設計自己的品牌語句，不是行銷話術，而是信念的總結，例如：

1. 「不怕世界末日，只怕洗唔到車。」
2. 「細節會說話，我哋只做講得出口嘅服務。」
3. 「不快，但乾淨。唔趕，但準。」

這些語言，是一種信任的延伸。因為當你有一致的語言，才會有一致的服務感覺，而這，就是品牌的靈魂。

再不是我們兩個人，而是一件可以「一起做」的事

當我們的業務慢慢擴大，接觸不同區域、不同類型客戶，我們開始意識到：**品牌不等於「兩個創辦人」，品牌是可以承載更多人參與的一件事**。

這個轉變讓我們不再感覺壓力全由自己扛，而是開始學會授權、信任、系統化管理。我們不急著變成大公司，但我們很認真地想變成一個可以「被複製」、「被信任」、「不會崩塌」的服務體系。

我們不是要成為最大，而是要成為**有節奏、可成長、對人有交代的那一種穩定**。

從技術到信任，從日常到結構

當我們回望自己從第一單接到現在，我們最驕傲的不是收入有多少、曝光有多大，而是我們真的把一個點子，做成了一種穩定的節奏，一個別人可以信任、可以推薦的存在。

這一章，不是宣告成功，而是紀錄我們在轉型過程中學到的一件事：小生意可以很靈活，但要成為長久的品牌，你要學會離開手套，進入筆記本。

不只是自己做得好，更要讓別人做得準。

這，就是我們走向下一步的理由。

38

下一步：團隊、培訓與市場布局的藍圖

從兩人同行，到打造一支可以共跑的隊伍

當一個小生意進入品牌階段，最明顯的變化之一，就是你開始意識到：你不能什麼都自己來，也不應該什麼都自己來。不是因為你偷懶，而是因為你想讓這件事走得更遠，而不只是走得更久。

我們不是想建立一個「靠死撐」才撐起來的生意，而是希望打造一個「有機呼吸」，能夠承載更多夥伴、服務更多地區，同時仍然維持質感與信任度的服務體系。

這一章，就是關於我們正在思考和推進的那一步——**如何培養團隊，如何複製品質，如何進入更多市場但不失初衷。**

一人創業的效率，無法承載成長的重量

當我們開始收到愈來愈多的企業合作邀約，接單量也穩定增加，第一個挑戰不是市場，而是**人手與時間**。原來的兩人組合，加上偶爾借用熟人幫忙的方式，已經無法應對新階段的複雜性。

這並不是因為我們懶，而是因為我們的專注已經無法只放在操作層面。當你需要同時兼顧品質監控、企業溝通、財務管理、宣傳內容與未來佈局時，你就會發現，一個健康的品牌，不能只靠兩雙手，它需要一整個協作的機制。

這不是擴張，而是**解放核心能力**。讓你可以將精力放在那些只有你能做的事，而其他部分，交給一套可以信任的人與制度去完成。

建立團隊：不是找人幫忙，而是讓人共創

招人不是請幫手，而是邀請夥伴一起進來，成為品牌的一部分。這就意味著，我們要建立的不只是工作職位，而是**一個可以讓人學會、做得**

好、留得住的結構。

我們開始設計內部訓練課程，把洗車、打蠟、溝通、收尾等流程進行標準化，建立操作筆記、動作節奏、設備使用規格，並透過現場示範與即時反饋，讓新人能在短時間內掌握到位。

但培訓不只是手工技術，更重要的是**服務態度與語氣風格**。我們會在新人訓練中加入角色模擬，讓他們學會面對不同性格的顧客、處理突發狀況、如何說「不」而不冒犯客人、以及什麼時候該主動多做一步。

這種價值觀的複製，比技術更難，也更關鍵。因為品牌的靈魂不是工具，而是人與人之間的信任連結。

服務區域的拓展：從聚焦一區到多點策略

過去我們以一區為核心，集中經營某幾個社區與住宅，這種模式適合建立口碑與深度連結，但當需求擴展到其他地區後，我們開始規劃多點佈局的區域服務網。

每個地區都有不同的居住結構與消費習慣，我們會根據當地車主密度、交通便利度與洗車習慣進行區域性評估。有些地方適合以上班族為主打，有些則以家庭用車或租車公司為主要客戶群。

我們會考慮設定區域負責人，結合訓練後的技術人員與當地接單管理人，形成小型服務單位，並由我們的品牌中心提供技術支援、品質監控與客服統一處理。

這種「區域自治、品牌統一」的結構，讓我們可以同時擴大覆蓋，又保留一定的服務彈性，**既像連鎖，也像手作，既有統一性，又保有溫度**。

商業合作與資源整合的下一步想像

當品牌成長，我們的角色不再只是洗車人員或創業者，而是**市場連結者與合作開拓者**。

我們開始思考與不同類型企業的聯名合作，例如與租車平台簽訂定期保養服務方案，與地區車行共同開發顧客保養計劃，甚至與保險公司合作設計汽車保養積分制度。這些合作不僅提升了業務穩定性，也能讓我們品牌進入更多不同場景。

我們也著手開發數位管理工具，包括預約系統、客戶管理介面、員工排程系統與顧客回饋統整，讓品牌更具現代操作效率，提升客戶體驗，也讓團隊溝通更流暢。

這一切的核心不是要把生意「搞得大」，而是要讓品牌能「站得穩」，讓每一個走進來的夥伴，都能知道自己的角色，也能感受到自己的成長。

品牌成長，不是變得像別人，而是變得更像自己

在這一章中，我們所談的不是要把生意工業化，也不是想變成什麼巨型企業。我們要做的，是**找到一種方法，讓我們原本的初衷，有更多人可以一起守護，讓更多地區也能感受到這份細緻的服務感與真誠**。

一個品牌之所以值得擴展，是因為它不只是解決問題，更是在某種程度上**提供了一種生活方式的信任感**。而這種信任，正是我們希望透過團

隊、培訓與市場佈局，一點一滴地擴展出去的。

如果創業是一場旅行，那麼這一步，就是我們學會擴展版圖，開始組隊，不再獨行的時刻。

39

灰塵落定之後，我們仍然洗車

生活還在繼續，而我們仍然選擇擦亮它

這本書寫了末日，也寫了未來；寫了崩壞，也寫了重建；寫了科技、信仰、災難、語言……但最後，我們還是選擇寫洗車。

因為預言可以翻篇，但車子還是會髒；

因為未來說不準，但門口還是會落塵；

因為人與人之間，總還是需要一個由信任開始的服務。

我們沒有大成本、沒有集團支援、沒有自動化流水線，但我們有一雙雙肯彎腰的手、一顆顆願意把每一輛車當朋友對待的心。

這些年，我們從兩個人開始，如今有了網站、有了團隊、有了系統、

有了夥伴，我們開始為不同區的車主服務，開始和企業合作，也開始寫下這些過程。

這不只是洗車，這是我們對生活的一種回應。

無論世界怎樣變，無論預言怎樣說，只要還有人願意保養一輛車，就有人會願意擦亮一段日常。

我們叫「**情侶檔上門洗車屋**」，我們每天都出發，今天我們仍然在洗車。

【結語】

如果你翻到這裡，代表你願意陪我們走到最後。
我們談了災難，談了未來，也談了愛情、服務、創業和洗車。
世界很大，議題很重，但日常依然需要人來打理。
有人在想宇宙盡頭，我們就在街角開水喉。
有人研究人工智能，我們研究怎樣不留水痕。
我們不知道未來會變成什麼樣，但我們知道：
只要還有灰塵，車就要洗。
只要還有人願意服務，世界就不會太糟。
只要你還在翻書，我們就還會繼續出發。
謝謝你翻到這裡。

預言終結
末日已至與未來將臨

作者資料
系　　列／　**自然科學 X 心靈哲學**
作　　者／　**Jenn**

出　　版／　**才藝館**（匯賢出版）
地址：新界葵涌大連排道144號金豐工業大廈2期14樓L室
電話：+852-2428 0910
網頁：https://www.wisdompub.com.hk
電郵：info@wisdompub.com.hk

書店發行／　**一代匯集**
地址：九龍旺角塘尾道64號龍駒企業大廈10樓B&D室
Tel : 852-2783 8102　　Fax : 852-2396 0050
facebook：一代滙集
email: gcbookshop@biznetvigator.com

版　　次／　2025年6月初版
定　　價／　HK$128　NTD630
圖書類別／　1.自然科學　2.心靈哲學
圖書書號／　ISBN 978-988-71075-3-8